Tik Tok

Advanced Methodology and
Practical Strategy

抖音运营2.0

进阶方法论与实战攻略

庞金玲◎著

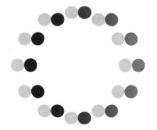

机械工业出版社
CHINA MACHINE PRESS

如今，抖音已经全面进入 2.0 时代（电商时代）。抖音运营的各种玩法层出不穷，抖音电商的操盘也日益精细化。本书是一本专业的抖音运营工具书，提供了应对抖音 2.0 时代的进阶方法论和实战攻略。书中结合了大量生动案例，试图从抖音运营者的经营定位、内容输出、视频制作、吸粉引流、营销推广、多渠道变现等多层面，手把手教你玩转抖音运营，帮助你迅速掌握抖音涨粉、营销、变现技巧，抢占抖音 2.0 时代的风口红利。

图书在版编目（CIP）数据

抖音运营 2.0：进阶方法论与实战攻略 / 庞金玲著.
—北京：机械工业出版社，2019.9（2024.5 重印）
ISBN 978－7－111－63449－2

Ⅰ.①抖…　Ⅱ.①庞…　Ⅲ.①网络营销　Ⅳ.①F713.365.2

中国版本图书馆 CIP 数据核字（2019）第 175027 号

机械工业出版社（北京市百万庄大街 22 号　邮政编码 100037）
策划编辑：侯春鹏　　　　　责任编辑：侯春鹏
责任校对：张　力　刘志文　责任印制：张　博
三河市骏杰印刷有限公司印刷
2024 年 5 月第 1 版·第 8 次印刷
170mm×242mm·17 印张·203 千字
标准书号：ISBN 978－7－111－63449－2
定价：59.00 元

电话服务　　　　　　　　　　　网络服务
客服电话：010-88361066　　　机　工　官　网：www.cmpbook.com
　　　　　010-88379833　　　机　工　官　博：weibo.com/cmp1952
　　　　　010-68326294　　　金　书　网：www.golden-book.com
封底无防伪标均为盗版　　　　　机工教育服务网：www.cmpedu.com

抖音运营思维导图

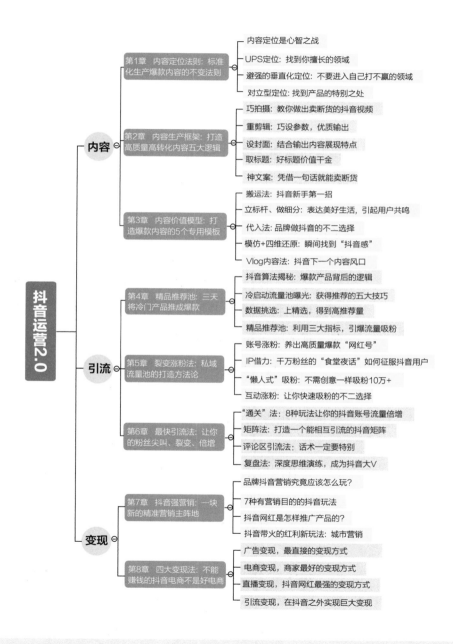

抖音运营2.0

内容

第1章 内容定位法则：标准化生产爆款内容的不变法则
- 内容定位是心智之战
- UPS定位：找到你擅长的领域
- 避强的垂直化定位：不要进入自己打不赢的领域
- 对立型定位：找到产品的特别之处

第2章 内容生产框架：打造高质量高转化内容五大逻辑
- 巧拍摄：教你做出卖断货的抖音视频
- 重剪辑：巧设参数，优质输出
- 设封面：结合输出内容展现特点
- 取标题：好标题价值千金
- 神文案：凭借一句话就能卖断货

第3章 内容价值模型：打造爆款内容的5个专用模板
- 搬运法：抖音新手第一招
- 立标杆、做细分：表达美好生活，引起用户共鸣
- 代入法：品牌做抖音的不二选择
- 模仿+四维还原：瞬间找到"抖音感"
- Vlog内容法：抖音下一个内容风口

引流

第4章 精品推荐池：三天将冷门产品推成爆款
- 抖音算法揭秘：爆款产品背后的逻辑
- 冷启动流量池曝光：获得推荐的五大技巧
- 数据挑选：上精选，得到高推荐量
- 精品推荐池：利用三大指标，引爆流量吸粉

第5章 裂变涨粉法：私域流量池的打造方法论
- 账号涨粉：养出高质量爆款"网红号"
- IP借力：千万粉丝的"食堂夜话"如何征服抖音用户
- "懒人式"吸粉：不需创意一样吸粉10万+
- 互动涨粉：让你快速吸粉的不二选择

第6章 最快引流法：让你的粉丝尖叫、裂变、倍增
- "通关"法：8种玩法让你的抖音账号流量倍增
- 矩阵法：打造一个能相互引流的抖音矩阵
- 评论区引流法：话术一定要特别
- 复盘法：深度思维演练，成为抖音大V

变现

第7章 抖音强营销：一块新的精准营销主阵地
- 品牌抖音营销究竟应该怎么玩？
- 7种有营销目的的抖音玩法
- 抖音网红是怎样推广产品的？
- 抖音带火的红利新玩法：城市营销

第8章 四大变现法：不能赚钱的抖音电商不是好电商
- 广告变现，最直接的变现方式
- 电商变现，商家最好的变现方式
- 直播变现，抖音网红最强的变现方式
- 引流变现，在抖音之外实现巨大变现

前　言

抖音运营进入 2.0 时代

抖音仿佛在一夜之间，以迅雷不及掩耳之势侵入了我们的生活。无论是在微信朋友圈、QQ空间这样的线上社交平台，还是在奶茶店、地铁站、公交车等公共场合，我们几乎都能看到抖音的身影。越来越多的人把刷抖音排在了消磨无聊时光的首选项，而同时，越来越多的商家和品牌基于流量和品牌诉求，纷纷布局抖音，力图收割流量红利。

2018 年年底，抖音官方发布《2018 抖音大数据报告》。报告显示，截至 2018 年 12 月，抖音国内日活跃用户数突破 2.5 亿，国内月活跃用户数突破 5 亿。抖音国内用户全年打卡 2.6 亿次，足迹遍布全世界 233 个国家和地区。

然而，抖音官方的"野心"并不局限于只做一个流量平台。

2018 年 12 月 11 日，抖音决定正式向全平台符合要求的账号开放购物车自助申请。

2019 年年初，抖音推出"好物联盟"，全面开放零粉丝购物车申请权限。"好物联盟"包含全面到位的带货解决方案及丰富奖励，还有各种专属流量扶持，专业老到的手把手运营指导等；所有人都可以玩转抖音带货，给新商家一次以新手的身份冲击头部抖音网红及卖货达人的机会。

2019年5月，抖音正式公布了抖音小程序生态的相关布局，并同时宣布支持商品搜索。

2019年6月18日，抖音购物车接入京东，向第三方电商平台开放。

抖音的战略已不仅仅专注于顶级流量平台，而是在顶级娱乐、社交流量的带动下寻求电商变现，并建立自有电商生态体系。抖音的这一系列动作标志着抖音运营已由1.0时代全面进入2.0时代。

业内人士表示，抖音这款流量质量高、变现能力强的短视频App，正以一种燎原之势，成为与微博、微信并驾齐驱的三驾流量马车之一。如今，它拥有"更开放的导流方向＋更短的交易流程"，加上自有小程序开放平台，作为国民级App，已经有了构建独立电商生态的能力，这相当于在淘宝系、腾讯系、京东系、苏宁系等几大电商阵营中，又杀出一匹黑马。电商、微商之后会是抖商吗？

如今，抖音已全面进入2.0时代，其运营和玩法愈加多样化。抖音的系列举动所带来的巨大影响还在持续发酵。

可以说，这是一个电商营销时代变迁的标志。不可否认的是，作为一种崭新的商业模式，抖音变现的确具有不可比拟的独特优势。它能够持续打破内容与销售的边界，形成内容、社交与消费三者合一的局面。并且，除了为抖音运营者和品牌商带来巨大商业价值外，抖音运营还能够给予抖音运营者和品牌商更多关于寻找与布局新的商业增长点的全新启发。

也正是因为这样，抖音成功俘获了众多商家、品牌和创业者的"芳心"，成为了一种炙手可热的流量变现模式。

然而，在看到优势的同时，我们也不得不面对这样一个事实：在众多的抖音短视频当中，真正能够乘上抖音的东风，收割流量红利的人却并不多。

为什么会这样呢？

原因其实很简单。因为在运营抖音的过程中，绝大部分人都只是跟风而为，并没有形成全面的抖音运营体系知识，掌握相关的抖音运营技巧。机会总是留给有准备的人，在抖音 2.0 时代的大浪淘沙之下，如果你用只掌握了皮毛的功夫，试图去够那颗最甜、最美的变现果实，失败是显而易见的。

问题又来了，在抖音 2.0 时代，究竟有没有一种快捷的方法，能够帮助商家和抖音创业者迅速了解抖音运营知识、掌握抖音运营技巧，从而促使他们更好、更快、更稳地乘驾抖音流量马车，收获抖音红利呢？

阅读本书，或许，你会找到答案。

本书是一本专业的抖音运营工具书，主要针对当下热门的抖音短视频营销，试图从抖音平台的运营定位、内容输出、视频制作、吸粉引流、营销推广等多角度，手把手教你玩转抖音运营，帮助你迅速掌握抖音营销技巧和落地指南，抢占短视频时代的千亿红利市场。

本书采用图文结合的形式，以干货为主，多角度、深层次地讲解、分析了抖音的现状及未来趋势，以及抖音运营的实用方法，内容丰富、条理清晰，讲解易懂。

总结起来，本书主要有以下几大特色：

【轻松入门，易学易懂】 本书内容由浅入深、通俗易懂。阅读本书，相信不管你是抖音小白还是短视频运营高手，都能有所收获。

【详细指导，丰富拓展】 本书包含了从基础认知、企业号定位、功能设置，到视频拍摄、特效添加、后期剪辑，再到营销推广、粉丝运营、流量变现的全部内容。以期帮助你解决抖音运营过程中的全部问题，让你少走弯路。

【新鲜案例，趣味解读】 本书结合抖音的娱乐属性，采集大量案例，挑选新颖、典型、好玩的故事，文风新颖、通俗易懂，力求让你在愉悦中分享知识。

立言不易，希望本书所讲述的抖音运营策略能够帮助更多商家和抖音创业者玩转抖音营销、实现流量变现、走出营销困境，收获更多红利。

目　录

第 1 章

内容定位法则：
标准化生产爆款内容
的不变法则

要想更好地运营抖音，首先就必须弄清楚
自己究竟想做什么类型的抖音账号，以及该如
何去运营这种类型的账号。这个探索的过程
就是进行抖音内容定位的过程。做好抖音运
营最关键的第一步就是要进行精准的内容
定位。

1.1　内容定位是心智之战

随着抖音的火爆程度一再飙升，普通用户打造出爆款抖音账号的难度却越来越大。如果你也是一位忠实"抖粉"，那么你一定会发现，在 2018 年 4 月之前，随随便便一个模仿短视频或者爆款"买家秀"视频，就可以轻而易举地收获流量，而这种状况在 4 月之后却戛然而止了。

这种明显的变化也深刻地告诉我们，如今，抖音的市场份额越来越大，用户也越来越多，可是想要在庞大的抖音市场分得一杯羹却越来越难。这就要求我们在运营抖音的时候，首先必须学会定位，找到内容运营的精准方向。

众所周知，在传统的广告营销界有这样一条著名的"哥德巴赫猜想"：我知道我的广告费有一半浪费了，但遗憾的是，我不知道是哪一半被浪费了。

事实上，问题在抖音界同样存在。很多时候，作为商家或抖音创业者，之所以无法有效地黏住粉丝、吸引流量，正是因为我们不知道自己究竟要做什么样的抖音内容、吸引哪些人的关注，从而无法做到找准方向、精准发力。

从这个角度来说，做好内容定位是抖音运营的第一步。看到这里，很多人可能又会滋生出这样的疑问：究竟什么是内容定位？它又能给抖音运营带来怎样的帮助呢？

一、定位的本质——给自己一个明确的"人设"

在艾·里斯和杰克·特劳特所著的《定位》一书里，两位大师给"定位"下的定义是：剖析"满足需求"无法赢得顾客的原因，给出如何进入顾客心智以赢得顾客选择的一整套方法策略。

而抖音内容的定位，其实也是遵循此理论，简单来说就是确定抖音内容的方向和目标，给自己一个清晰明确的"人设""标签"，告诉粉丝你在抖音里是做什么的。

在抖音内容日益同质化的今天，内容定位揭示了商家或抖音创业者在抖音上运营的本质（争夺顾客），为商家或抖音创业者阐明了获胜的要诀（赢得心智之战）。

所以，内容定位就是一场心智之战。

这样说，大家可能会感觉很抽象，接下来，就让我们通过一个成功的案例，一起来探究一下如何成功实施抖音内容定位。

【成功案例：精准定位助力服装微商获赞 373.0 万】

昵称为"小衣橱管家"的抖音账号在开通短短数月后就收获了 59.1 万的粉丝和 373.0 万的点赞量（见图 1-1）。之所以取得如此骄人的成绩，还要归功于该抖音账号的精准内容定位。

图1-1　"小衣橱管家"抖音账号

　　"小衣橱管家"的幕后运营者是一名21岁的服装微商，她做抖音的目的十分明确，就是推销衣服、成功引流。确定了抖音运营的方向后，该服装微商将自己的抖音账号直接命名为"小衣橱管家"，让人一看就能明白她的抖音账号是与服装相关的。

　　除此之外，"小衣橱管家"的所有抖音内容几乎都是一名年轻漂亮的女孩在试穿新款服装，配文也基本都是穿搭说明。精准的定位、高颜值的模特再加上时尚的穿搭，这些元素混搭在一起，让"小衣橱管家"在试水抖音的过程中收获了一大批追求时尚的忠实粉丝。

　　可以说，"小衣橱管家"之所以能够在多如牛毛的抖音账号中脱颖而出、迅速爆红，正是因为找准了定位，为自己贴上了清晰明确的标签，让人一看就知道她是做什么的，关注她能够得到什么。

从这个案例中可以看出，一个清晰的内容定位至少应该能够回答以下三大问题，而这三大问题也分别代表了抖音定位的三部分内容，如图 1 - 2 所示。

我是谁？
品类定位：选择合适的经营类型

我要如何实现这种价值？
风格定位：选择最佳的表现形式

我能带来什么价值？
内容定位：选择恰当的账号内容

图 1 - 2　抖音定位的三部分内容

❶ 品类定位

顾名思义，所谓的品类，就是指抖音账号经营的类型。比如，你是想做生活类的抖音账号、情感类的抖音账号，还是想做搞笑类的抖音账号？只有首先确定了账号的类型，明确了大致的方向后，你才能根据这个方向去思考具体的内容生产。

在对抖音进行了深入研究并认真观看了众多抖音短视频后，笔者总结出了目前最风靡的抖音四大类目，希望能够对大家进行抖音账号的品类定位提供一些帮助，如表 1 - 1 所示。

表 1-1　最热门的抖音四大类目

颜值类	才艺类	兴趣类	教学类
小哥哥	舞蹈	美食	PS 教学
小姐姐	音乐	旅游	办公软件
萌娃	手工	街拍	母婴喂养
老外	绘画	美妆	亲子关系
	魔术	萌宠	抖音拍摄
	杂技	情感	音乐
	声优	影视	英语
	搞笑	动漫	交通
	技术流	健身	数学
	特殊技能	摄影	商业
		游戏	

需要注意的是，品类的范围并不是固定的，它可大也可小。比如，你可以把自己的抖音定位在"唱歌"方面，也可以再具体细化一下，把自己的抖音账号定位为"唱山歌"类型。

❷ 内容定位

在现实的生活中，许多抖音运营者经常会犯的一个错误就是随手拍一个视频立马就上传，这种不看内容也不做定位，想拍什么就拍什么的任性是十分不可取的。

如果说品类定位是搭建框架的话，那么内容定位就是在这个框架内浇筑混凝土。这二者只有充分结合，才能建造出专属于你的，能反映出你独特个性的"抖音大厦"。

在进行内容定位的时候，要始终牢牢把握一点，那就是你准备给粉丝传递怎样的价值？要明白，在如今内容为王的时代，只有别人看完你的抖音后觉得有内容、有价值、能打动自己，他们才会愿意关注你。

❸ 风格定位

对于抖音这款以 15 秒动态画面来表达内容的短视频 App 而言，风格定位也是尤为重要的，它能够奠定抖音账号的基调，也决定了抖音账号将会产生怎样的效果。

那么，究竟什么是风格定位呢？从字面上来理解，其实就是你将选择怎样的风格来表达你的抖音内容。比如，你是准备用一段完整连贯的视频，还是用一张张串联起来的图片？你是准备真人出镜，还是带着卡通面具出镜，或者干脆不出镜？你是想渲染一种浪漫唯美，还是选择搞笑整蛊？你的画面是彩色的，还是黑白的？

说到这里，我们不妨一起来看一个成功案例。通过这个案例，大家会对风格定位有更深刻的理解。

【 成功案例："麻辣德子"的写实风格 】

抖音上有一个非常火的账号叫"麻辣德子"，这个账号的内容定位是教大家做家常菜，在风格上，它的定位是写实风格。

简单来说，所谓的写实风格就是指用贴近普罗大众的方式来表达视频内容。正是基于这样的风格定位，"麻辣德子"的每一条抖音视频几乎都是在厨房拍摄的，而且出镜人物的穿着也非常普通，给人的感觉就是一位普通的中年大叔下班后在家里做饭，如图 1 - 3 所示。

在抖音上，做家常菜教学的运营者很多，而"麻辣德子"之所以能够脱颖而出，获得三千多万的粉丝，这与他接地气的抖音风格定位是密不可分的。

图1-3　"麻辣德子"抖音视频截图

　　这里要强调的是，当你选择了一种风格，并长期坚持下去的时候，这种风格就成为你在粉丝们心中的印象。下一次，当他们一看到类似风格的视频，就会情不自禁地想到你。这就是风格的魅力。

　　以上为大家介绍了抖音内容定位的三大内容。总之，只要能够让别人在看到你的抖音视频的瞬间立马知晓你的账号究竟是干什么的，并且在观看完你的抖音视频后能够明确接收到你所传递的价值且印象深刻，那么，你的定位就是成功的。

二、定位的原因——知道自己要什么比正在做什么更重要

做任何运营都离不开定位，抖音也是如此。要想让粉丝在千千万万的抖音账号中发现你、找到你并倾心于你，那么，你就必须知道自己擅长什么、想要什么、将成为什么，你的抖音账号就必须有特色。

对于抖音运营而言，定位既是必不可少的基础，也是让自己脱颖而出的利器。具体来说，我们强调抖音运营必须做内容定位的原因主要有以下三点。

❶ 定位清晰的抖音账号更受抖音平台重视

事实上，在互联网竞争日益激烈的今天，以抖音为代表的许多 App 平台都更重视，也更愿意扶持定位清晰，在特定领域做出了垂直内容的用户账号。因为这些定位精准、内容明确的用户账号往往更能保证平台本身的经久不衰。

❷ 定位清晰的抖音账号能够更好地吸引流量、黏住粉丝

任何抖音账号都没有能力调和所有人的胃口，而要想争取到更多的粉丝、持续保持热度，就必须找准自身的针对性和发力点，努力去从自己的"一亩三分田"中挖掘更多的"宝藏"，提高这部分粉丝的黏性，把他们发展成自己的"忠粉"。

也就是说，在进军抖音之前，我们首先应该给自己的抖音账号制定一个完整的运营方案，锁定目标人群，并针对这部分人的具体喜好、个性特征、实际需求等去确定内容方向。在这一基础上做出来的抖音账号，一定会比那些定位不清、东一榔头西一棒子的抖音账号更吸粉也更黏粉。

看到这里，如果你还是心存怀疑，那么，你不妨仔细回想一下你自己逛抖音的亲身经历：当你看到平台推荐的某条抖音内容并且觉得还不错的时候，通常你的下一个动作是不是顺着这条抖音进入相应的账号主页？

这时，如果你发现该账号其他的视频内容也和吸引你进来的那一条一样，是符合你胃口的，那么，你关注这个抖音账号的概率是否也会大大提升？

反之，如果你发现该账号其他的视频内容和吸引你进来的那一条完全不一样，也并不是你希望看到的内容，那么，你是不是也会觉得很失望，并毫不犹豫地选择关闭退出？

其实，你这种逛抖音的心理，也代表了大部分人对抖音的态度。这种实践经验深刻地揭示了一个规律：定位清晰的抖音账号往往能够更好地吸引流量、黏住粉丝。在运营抖音的过程中，当你找准了自己的核心竞争力，明确了自己要做什么内容并知晓什么样的人更喜欢你提供的内容，那么，你就掌握了吸粉和黏粉的最佳武器。

看到这里，可能有些人内心又会滋生出这样的疑问：既然内容定位是吸粉的关键，那为什么在做了抖音内容定位后，自己的粉丝不但没有增加，反而还下降了呢？

在这里需要向大家说明的是，在实际的抖音运营过程中，如果前期没有进行清晰的定位，后期再重新更正、重新定位的时候，确实有可能会出现这样的情况。

比如，有些抖音用户在做到真正定位之前，偶尔发一个视频或许也能冲上热门，然而，在对账号进行了更加清晰的定位后，热度却降低了，粉丝也掉了不少。这正是在运营抖音的初始不注重定位所带来的阵痛。

但是，千万不要因为惧怕阵痛就放弃定位，因为有定位永远比没定位好、早定位永远比晚定位好，熬过了这个看似艰难的过渡期后，我们才能真正迎来抖音运营的春天，收获大批的抖音"忠粉"。

❸ 定位清晰的抖音账号能够更好地实现差异化，突出重围

所谓的突出重围，其实就是指让抖音平台和其他抖音用户更好地看到并感受到你的与众不同。

不可否认，现在的抖音账号同质化非常严重。在信息传播异常快捷的今天，一条抖音内容爆红后，无数个模仿者便会蜂拥而至；某一个时期某一个话题非常火爆，那么关于这一话题的抖音内容就会铺天盖地。

那么，如何才能跳出模仿的怪圈、打破"烂梗"的魔咒呢？很简单：找准自己的特色，清晰定位，做到以差异化取胜。

下面，我们通过一个成功的案例一起来感受下差异化的巨大魅力。

【成功案例：95 后女孩带着父亲跳舞狂收 500 万粉丝】

作为一款短视频 App，抖音上最火的就是跳舞，通常我们连刷十个抖音，就能刷到一个人在跳舞。那么，在众多的跳舞视频中，如何才能做到抓人眼球、成功吸粉呢？

在这方面，95 后女孩"小小 101"就为我们做出了很好的示范。

抖音账号为"小小 101"的 95 后女孩很爱跳舞，在开通了抖音账号后，她也充分发挥了自己的特色，将自己的抖音账号定位为舞蹈。然而，与很多人自己跳舞不同的是，她将自己的抖音账号定位进一步细化为"父女舞蹈组合"如图 1-4 所示。

在"小小 101"所拍摄的抖音短视频中，大部分内容都是她和父亲一起为大家展示动感、优美的舞姿。这对高颜值的"父女档"和这种充满差异化的呈现方式，很快就让"小小101"的抖音账号突出重围，得到了无数人的关注和点赞。

图1-4　"小小101"的抖音账号

"小小101"的成功案例也告诉了我们，在运营抖音的过程中，只有做好清晰的内容，找准自己的特色，才能真正做到以差异化取胜，赢得更多粉丝。

基于以上的三方面原因，我们可以得出这样一个结论：抖音运营，内容定位是基础，要想让你的抖音账号成为新一代的流量之王，那么，在建立抖音账号之初，你就必须明确你的目标受众是谁，以及你要打造什么样的抖音内容。

1.2 USP 定位：找到你擅长的领域

如今，许多敏锐的企业和个人都正使出九牛二虎之力，力求搭上抖音这辆流量快车，在轻松中引流、在娱乐中掘金。而这一切的实现，首先就必须建立在定位明确、目标统一的基础上。

前文已经强调了抖音内容定位是心智之战，那么，在这场看不见刀光剑影的战役中，我们究竟又该怎样做呢？从本节开始，我就将这一问题为大家做出详细的解答。

下面，我们首先来了解一下抖音内容定位的第一种方法：USP 定位——找到你擅长的领域。

一、什么是 USP 定位

USP 定位的全称是 Unique Selling Proposition，这一理论又被称为独特卖点理论。它最初是由美国人罗瑟·里夫斯（Rosser Reeves）在 20 世纪 50 年代初提出的。简单来说，它的含义就是"揭示一个品牌的精髓，并通过强有力的、有说服力的证据证实它的独特性，使之所向披靡，势不可挡"。

归纳起来，USP 理论主要具有三大特征，如图 1-5 所示。

图 1-5　USP 理论的三大特征

简单来说,所谓的 USP 定位就是锁定自己擅长的领域,向别人展示你独特的优势,并通过强有力的说服来证明这一优势。

在实际应用中,USP 定位是非常实用的。如今我们在市面上所看到的许多品牌,几乎都遵循了 USP 定位法则。

比如,我们都很熟悉的农夫山泉广告——"农夫山泉有点甜"、红牛功能饮料广告——"困了累了,喝红牛"、OPPO 手机广告——"充电 5 分钟,通话两小时"等,都是 USP 定位的典型案例。

这其中,农夫山泉的 USP(独特卖点)是"甜"、红牛的 USP 是"解乏"、OPPO 的 USP 是"快速充电"。通过这些清晰明确的定位,消费者一看就能明白这些产品究竟是干什么的,一对应症状就能联想到相应的品牌。再对比其他的同类品牌,又有几个能让消费者一眼记住的呢?

产品特点让人一目了然并印象深刻,这就是 USP 定位的最大优势。而这一优势对于运营短视频而言,也是十分重要的。这是因为,在如今多如牛毛的抖音短视频中,要想让自己的账号脱颖而出并疯狂引流,就必须突出自身的独特优势,让粉丝一眼看到并迅速记住。

从这个角度来说,运用 USP 理论去做抖音内容定位是十分必要也十分有效的。

二、USP 定位如何做

作为抖音运营者,我们又该如何去进行 USP 定位呢?接下来,我将从个人抖音账号和企业抖音账号两个角度,分别来讲解一下 USP 抖音内容定位的技巧和方法。

❶ 个人账号：客观审视自己，找到自己的优势和专长

根据我的长期观察，在现实生活中许多的个人抖音运营者都会犯同一个错误，那就是找不到自己擅长的领域，不知道自己究竟应该在抖音视频中突出哪一方面，甚至认为自己可以涉足多个领域，实现多元化发展。遗憾的是，这样的错误，往往会让这些抖音运营者的努力"竹篮打水一场空"，收不到任何成效。

在前面，我们已经强调过 USP 定位的一个关键点便是必须锁定自己擅长的领域，向别人展示自身所具有的独特魅力。换言之，就是要客观地审视自己，找到自己的优势和专长。

那么，这个优势和专长应该怎样去确定呢？以下提供三种方法，希望能帮助到大家。

1）回想一下自己做过被人称赞最多的事情是什么

作为商家或抖音创业者，要想找到自己的优势和专长其实并不难，一个最简单的方法就是静下心来，好好审视一下自己，回顾一下自己在过去的岁月中所做过的被人称赞最多的事情是什么。

比如，你厨艺很好，许多人都曾夸过你做饭好吃；你声音条件不错，许多人曾称赞过你唱歌好听；你很会做手工，大家都觉得你的作品栩栩如生……那么，做饭、唱歌、做手工就是你的特长，你进行抖音内容定位的时候，就可以从这些方面入手。

2）回想一下自己比别人学得快、用得好的技能是什么

"天生我材必有用"，在现实的生活中，我们每个人身上都有自己的优势，只是这些优势有的是显露在外、一眼就能看到的，有的则隐藏很深，需要在实践的过程中慢慢发现。

通常，确定我们身上隐形优势的一个重要标准就是我们学习某项技能或做某件事的时候，用的时间比别人短、效果比别人好。

3） 回想一下自己做什么事情的时候最专注

回想一下，在生活中你是否也有同样的经历，只有当你真正喜欢一件事并擅长一件事的时候，你才能真正做到心无旁骛、全神贯注，甚至是废寝忘食。

所以反过来，要想确定自己的优势和专长是什么，一个可行的办法便是认真回想一下你在做什么事情的时候最专注。

当然，在现实的生活中，发现并锁定自己优势的方式还有很多，以上只是提供几种实际可行的方法。

❷ 企业账号：放大品牌文化，加强创新力度

企业运营抖音号与个人运营抖音号是有很大区别的。对于企业抖音号而言，要想找到自己的优势，锁定自己擅长的领域，最重要的一点就是要放大品牌文化，加强创新力度。

具体来说，就是要在坚持企业自身品牌文化的基础上进行创新和策划，挖掘品牌背后独特的文化价值，以加深粉丝对品牌的印象并赢得粉丝对品牌的喜爱。

具体怎么做，我们先来看一个成功案例。

【成功案例：雪佛兰的自我定位法】

2018 年，雪佛兰为了宣传新款迈锐宝 XL 汽车，在抖音上发布了一条短视频：在雪佛兰原创的 Rap 背景音乐中，通过漫画的形式，表现出新款迈锐宝 XL 汽车的创新与潮流，并在视频的最后突出了这款车的"加州制造"精神，然后以"拉票"的方式呼吁粉丝为这条视频点赞，如图 1 - 6

所示。

这条短视频不仅彰显了雪佛兰新款迈锐宝 XL 汽车的优势，而且表达了雪佛兰汽车一贯的创新、活力与品牌价值观。尤其是视频中的漫画和 Rap 等流行元素，既没有脱离雪佛兰本身的价值观，也符合年轻人的胃口，对年轻的粉丝而言极具吸引力，很容易让他们爱上这款第九代迈锐宝 XL 汽车。

图 1-6　雪佛兰抖音账号截图

在这条视频中，雪佛兰就很好地通过创新做到了在坚持自身品牌价值的基础上放大自己的优势，从而为自己赢得了更多的粉丝。

以上为大家介绍了抖音内容运营 USP 定位的相关内容。总之，不管是个人抖音账号还是企业抖音账号，在实际的运用中，只有找到了自己擅长的领域，展示出自己的独特价值才能更好地打赢抖音内容定位这场心智之战。

1.3　避强的垂直化定位：不要进入自己打不赢的领域

在前面的章节中，我已经介绍了抖音内容定位的第一种实用方法：USP 定位，找到自己擅长的领域。在本节，我们将继续学习抖音内容定位的第二种实用方法——避强的垂直化定位：不要进入自己打不赢的领域。

一、什么是避强的垂直化定位

避强的垂直化定位，顾名思义就是避开强有力的竞争对手进行市场定位的一种模式。这种模式可以让我们找到某个市场"缝隙"或者"空白"区域，发展目前市场上没有或者很少的特色产品，迅速在消费者心中烙下印象，在波谲云诡的市场中占据一席之地。

比如七喜汽水，当年它想要在市场中站住脚，相当于"虎口夺食"，因为当时百事可乐与可口可乐这两大巨头已经牢牢把握住了极高的市场占有率，所以七喜汽水想要争夺市场，开发新的消费者，只能采取避强定位策略，将产品定位于"非可乐型饮料"，避免了与百事可乐、可口可乐的正面竞争，在饮料市场中站稳老三的位置。

试想一下，如果当时七喜汽水选择正面竞争，进入自己打不赢的"可乐型饮料"领域，那么它就有可能会面对两大巨头的联合打压，根本无法创造出今天的成功局面。

由此可见，避强定位策略是非常有"自知之明"的一种战略，在面对激烈的市场竞争时，不逞一时之勇，不进入自己打不赢的领域，才能积蓄更大的力量去开拓新的市场。

从某种程度来说，抖音账号本身就是一种产品，所以，避强的垂直化定位同样适用于抖音。尤其是对于那些进驻抖音时间较晚、本身粉丝根基不牢的抖音运营者而言，要想更好地从海量的抖音账号中"突出重围"，通过抖音获取流量并实现流量变现，就必须掌握避强的垂直化抖音内容定位方法。

二、避强的垂直化定位关键是要做好竞品分析

在实际的抖音运营中，我们如何才能做好避强的垂直化定位呢？这里就涉及很关键的一点：通过科学、专业的方法对竞品进行分析。

❶ 什么是竞品

在制定定位战略之前，我们要先做竞品分析，而在做竞品分析之前，我们需要先了解到底什么是竞品，否则竞品分析、定位战略都无从谈起。

顾名思义，竞品就是指竞争产品，也是指竞争对手的产品。在抖音上，凡是与我们同类型的短视频及其账号都是我们的竞品。

更具体一些，我们可以从下面这四个角度来理解竞品。

1）竞品的级别分类

在短视频红利时代，很多人入驻抖音，注册账号，成为借助抖音获取流量，进而转化为盈利的一员。在形形色色的抖音账号中，我们的竞品绝不会只有一两个，如果把所有的竞品放在一起分析，分析起来难度大，得出的结果也往往比较模糊，在这样的结果下做出的定位

必然不准确。所以我们要对竞品的级别进行分类，这样才能有的放矢地确定自己对各个级别分类的竞品投入的精力，集中火力做出准确的抖音定位。

一般来说，竞品分为核心竞品、重要竞品和一般竞品三个级别。以我们自己的账号及短视频为基准点，那些高于我们且非常有竞争力的竞品为核心竞品；高于我们但是竞争力一般的竞品为重要竞品；在我们之下或者竞争力不如我们的竞品为一般竞品。

对于核心竞品，如果我们的确难以与之竞争，那么就可以学习他们的长处来优化自己，实施避强定位；如果是重要竞品，分析他们的优势，继续优化自己；如果是一般竞品，则不需要花太多时间，研究一下他们的劣势，避免自己出现同样的问题即可。

2） 竞品的基础架构

所有的产品都有基础架构，抖音账号作为营利的工具之一，所发布的短视频都是产品的一种，因此竞品也可以当作产品来理解。

竞品的基础架构可以从信息、功能、交互三个方面来了解。信息主要是指界面层次和界面布局。我们可以研究更受用户喜欢的竞品是如何做基础结构、菜单、布局、页面设计的。功能是指我们要了解竞品的功能，并据此对自己的短视频进行剖析，明确我们要细化、优化的功能是什么。交互是我们做抖音运营的最终目的，所以要从入口就开始分析，知道每一条短视频的缺点在哪里，争取做到更好。

三个方面都了解清楚后，我们根据自己的账号和短视频特点，把竞品优势合理地运用到自己的抖音账号中，优化、完善自己的抖音账号。

3） 竞品的策略分析

竞品的策略分析包括抖音定位、运营策略、营利模式三个方面。抖音定位分析主要是对竞品的介绍、推送、版本、引导和市场反响等进行分析。运营策略分析是指从市场和运营角度对竞品的定位、活动、用户体验和反馈等进行分析。营利模式分析是指对竞品是通过投资人注资、广告植入还是用户购买来创收的进行分析。经过这三方面分析，可以更好地将自己的抖音产品与竞品进行全方面对比，进而做出更受大众欢迎的抖音账号。

4）竞品的发展潜力

在抖音上，账号的发展潜力主要包括用户规模发展潜力和市场发展潜力两部分。我们可以对竞品，尤其是核心竞品的发展潜力进行分析，可以帮助我们了解自己目前所处领域的用户和市场有多大，进而判断出我们的抖音账号能不能拥有更广阔的发展前景。

❷ 为什么要做竞品分析

知己知彼，百战不殆，这就是我们做竞品分析的主要原因。大到上市企业，小到街边小摊贩，想要保持成功，持续地做竞品分析势在必行，那么把抖音运营当作"生意"的我们，当然也要做好竞品分析。

具体来说，做竞品分析主要有以下五大原因（见图 1-7），这五大原因所展现的竞品分析的优势，是可以让我们在抖音运营中立于不败之地的诀窍。

图 1-7　做竞品分析的五大原因

③ 怎么做竞品分析定位

说了那么多，做才是最重要的。所以接下来介绍做竞品分析定位的方法，让大家能结合自己的抖音运营做起来更加得心应手。

1） 明确竞品分析定位由谁来做

在做竞品分析定位时，由谁来做是个比较难以抉择的问题。如果你只是个人运营的抖音账号，这个问题便不会存在，因为你只能自己做。但是如果是一个团队在运营抖音账号，就需要考虑这个问题了。一般情况下，只要以用户为中心，掌握两大阶段，便能准确找到做竞品分析的人。

第一：研发阶段

研发阶段是对抖音账号的实际竞争内容进行研究，可以让用户直接看到并体验到，是抖音账号所发布的内容的内在美，直接决定我们的账号在抖音上的市场高度，所以在研发阶段由研发人员进行竞品分析是非常重要的。

研发人员需要对竞品本身及用户对竞品的体验进行研究，比如短视频内容的设计、质量，在抖音上的点击量、播放时间、次数、用户评论等。通过对这些内容进行分析，研发人员可以找到用户感兴趣的点，有针对性地结合自己的特色制作出符合用户喜好的短视频推荐给用户。

第二：运营阶段

运营阶段要在研发阶段的基础上进行数据摸底、抖音账号推广和用户引导等工作。此时可以由抖音运营人员接手做竞品分析定位，因为他们更懂得如何增加所发布内容的外在美。

抖音运营人员可以通过竞品用户的体验，分析用户的实际需求，掌握竞品的优点与缺点，大受欢迎的原因等，及时发现自身抖音账号所发布的内容及运营等存在的缺点，进行完善。

2）掌握竞品分析四大核心内容

在抖音上注册账号的人越来越多，但是发布的内容大多局限在那么几种，幽默搞笑、街头采访、商品销售、唱歌跳舞、绘画教学等，所以出现竞品在所难免。在这个过程中，很多抖音运营人员会产生疑问："我想做的抖音账号内容已经有人做得非常成功了，我还有做的必要吗？"答案是如果真是好内容，当然有做的必要。只要我们通过科学、专业的竞品分析，找到准确和更加细分的定位，就不用心存疑虑。

那么，什么样的竞品分析才是科学、专业的呢？以下竞品分析四大核心内容（见图1–8）可以帮助我们判断自己的抖音属性，找到准确的定位。

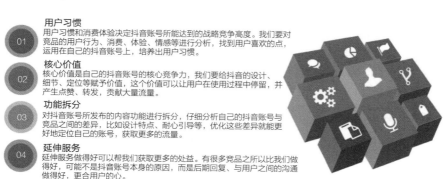

图 1 –8　竞品分析四大核心内容

做好以上四大核心内容的竞品分析，可以帮助我们了解抖音账号所发布的内容是否能吸引用户，满足用户需求，提升产品的竞争力。总而言之，就是在抖音用户内容生产日益同质化的情况下，更要注意细节，在用户体验上下功夫，以便能让更多的用户关注我们。

3） 竞品分析的方法论

上文更多的是从理论角度教大家做好竞品分析定位，让大家明确自身产品的高度，看看是实施避强定位，不进入自己打不赢的领域，还是有超过竞品的可能，全面打响战斗。图1-9所介绍的方法论，便是做好竞品分析定位的具体方法，是赢得胜利的"武器"。

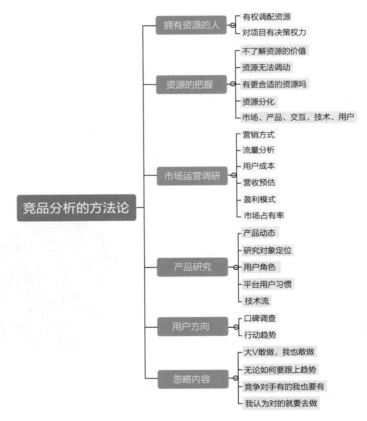

图1-9　竞品分析定位方法论

通过以上方法，抖音运营人员可以吸取竞品的优点，规避竞品的缺点，对自己的抖音账号进行全面优化，清晰定位自身及市场，在众多的抖音账号中取得胜利。

1.4 对立型定位：找到产品的特别之处

定位是抖音运营的灵魂，它让抖音运营有了与众不同的目标和愿景，得以在市场上立足。

前面我已经为大家介绍了两种实用的抖音定位方法，接下来介绍抖音定位的第三种实操方法——对立型定位：找到产品的特别之处。

一、什么是对立型定位

所谓的对立型定位，就是指找到竞争对手或竞品的对立面。这个对立面最好有一定的知名度，如果知名度很高就更好了，这样才能跳出同质化竞争，让用户马上感受到对立性，你的对立才会有价值。

这样说，大家可能会觉得很抽象。下面我们就通过一组案例来进一步感受一下对立型定位的巨大魅力。

比如，农夫山泉的广告语是"我们不生产水，我们只是大自然的搬运工"，这就是一个很好的对立型定位，通过这个定位，既强化了自己"每一滴农夫山泉都有优质的水源"的定位，又让用户对其他饮用水品牌产生怀疑：难道还有自己生产水的矿泉水？

特仑苏也是如此，特仑苏对自己的定位是奶中贵族，所以它的广告语是"不是所有的牛奶都叫特仑苏"，同样的，这个定位既让用户对特仑苏牛奶本身产生深刻印象，又能让用户产生这样的联想：为什么其他牛奶不能叫特仑苏呢？它差在哪里？

再比如竞争激烈的二手车市场，瓜子为了与优信、人人车找到差别，想出了"二手车直卖网，没有中间商赚差价"的广告语，在用户群中提升品牌好感度的同时，也让用户对其他二手车销售网站产生怀疑：难道他们有中间商赚差价？

当然，在现实生活中，像这样的例子还有很多，比如神州专车针对滴滴，打出了"更安全的专车"的口号；百度针对谷歌，喊出了"百度更懂中文"的口号。

可以说，以上这些案例均是对立型定位的体现。它们从人无我有、人有我强、人强我新等各个角度出发，一面强化自己的优点，一面暗示提醒用户对方的缺点，让自己成为与众不同的对立者，进而赢得用户的青睐，在竞争激烈的市场中站稳脚跟。

那么，这种定位方法是否适用于抖音内容定位呢？答案显然是肯定的，并且，在这个"适合"的前面，还应该加上"非常"二字。

我们都知道，在抖音平台上，账号类型和市场都相对饱和，这对于那些刚刚入驻抖音的新手而言既是一个坏消息，也是一个好消息。说它是"坏"消息是因为要想在相对饱和的市场重新杀出一条血路并非易事；而说它是"好"消息是因为众多的同类型账号往往可以为我们的抖音运营提供更多、更好的参考。

而这个参考的过程，其实就是做对立型内容定位的过程。

具体来说，就是在运营抖音的过程中，你需要找到与你同类型的、做得已经非常成功的抖音账号，研究这个账号的特点、发布的内容、用户的反馈等，总结出它吸引人心的地方。然后根据自己的账号特点，避开这个账号最大的优势，不正面"交战"，又能让人有所联想，吸引一部分流量，进而制定出符合自己的账号定位。

这种对立型的内容定位，是一种不以用户需求为导向，而以强竞争性为导向、找到本身的特别之处，与竞争对手、竞品做出明显差异化的定位方法。它强调的是与其与竞争对手正面交锋，不如另辟蹊径，站在竞争对手的对立面，利用对方的弱点，强化自身的优点，赢得更多的用户与更大的市场。

在运营抖音的过程中，如果你能掌握这种高明的抖音内容定位方法，那么，你就找到了一条运营抖音的捷径。

二、抖音运营如何实施对立型定位

通过对前文的阅读，相信大家已经对抖音对立型内容定位有了更深刻的了解。事实上，这种实用的抖音定位方法归纳起来就一句话：找到自身的特别之处。

如今，随着互联网与信息技术的高速发展，网红经济兴起，适合在各种新媒体平台上播放，适合在移动状态和短时休闲状态下观看，适合高频推送的短视频逐渐走红。特别是那些主题贴近日常生活、接地气且娱乐性强的短视频，因为方便传播，成为短视频平台上能吸引大量流量的爆红视频。

不过随着平台日益增多，用户的参与度越来越高，制作门槛比较低，街头采访、社会热点、技能分享、时尚潮流、幽默搞怪、商业定制、公益教育等能做的短视频内容都有人做了，而且还出现不少"剪刀手"，把别人的作品砍头去尾，稍微改一下就变成自己的，导致粗制滥造、同质化作品越来越多。

在这样的情况下，找到自身运营的抖音账号的特别之处，开辟出一条新路，吸引更多的流量和粉丝成为抖音账号能存活下去的希望。

那么，在运营抖音的过程中，我们应该如何去寻找自身的特别之处呢？以下提供两种实用方法，希望能帮助到大家。

❶ 立足自身，找到差异化

对立型定位，有对立，所以一定要有对手，有对手，就要找到两者之间的差异化才能实现更精准的定位。首先，我们要发掘自己的亮点，发挥自身特色；其次，我们要分析抖音大号发布的内容，分析它走红的原因。这两点完成之后，我们根据找到的差异完善自己的账号，明确定位就变得比较容易了。

【成功案例："叫我小美老师" 的另类 "学猫叫" 吸粉无数】

"学猫叫"这首歌在 2018 年推出后，可以说是横扫抖音，大多数抖音用户都中了这首歌的毒，一时间无数抖音创作者发布以"学猫叫"为内容或者为背景音乐的原创短视频。大量用户参与带来了大量的流量，但是过多同质化的短视频也把这些流量分散了，以至于有的人拍了短视频无人欣赏，没得到几个粉丝，有的人却能借此走红，吸引大量粉丝。

后者中比较著名的就是"叫我小美老师"。她不仅唱"学猫叫"这首歌，还搭配着自己编排的手势舞，在一众只唱歌的视频中脱颖而出，粉丝量迅速飙升到 134 万以上，点赞量也超过 530 万（如图 1-10 所示）。

图 1-10　"叫我小美老师"　学猫叫手势舞短视频截图及其主页

由这个案例可以看出，在同质化内容泛滥时，运用对立型定位，找到自身的特别之处，才能获取用户的焦点和大量流量。就像"叫我小美老师"这样，她经此一役，知道了差异化的重要性，开始把自创的手势舞当作自己的特色和亮点，不断在抖音上发布自创的手势舞教学，吸引了越来越多感兴趣的用户关注。

不仅如此，为了留住粉丝，她还特意建了一个粉丝群，把所有的粉丝聚集在一起，方便交流学习。与此同时，她也可以及时了解粉丝的新需求，时刻关注粉丝的新兴趣，并及时解答粉丝的问题，增强粉丝黏度。一步一步坚持下来，"叫我小美老师"自然在广大抖音用户中脱颖而出，成为抖音大 V。这就是通过对立型定位，找到产品特别之处所带来的优势。

❷ 寻找对立型定位的切入点

在之前的案例中，我们已经对对立型定位有了一定的了解，但是说起来容易做起来难。如何寻找到切入点，准确地实现抖音账号的差异化，切入对立型定位，成为对立型定位成功实施的关键一环。

首先，进行对立型定位时需要对竞品有一个初步的筛查，比如百事可乐的竞品是可口可乐，不会是牛奶；神州专车的竞品是滴滴打车，不会是共享单车；你运营的抖音账号是跳舞类的，它的竞品就绝对不会是美食类的。

其次，找到自己的抖音账号与竞品的差异。比如自己与竞品的抖音账号都是美食类的，你们都在向大众传播美食，不过如果你有厨艺，能自己制作美食，那么这就会成为你们之间的差异。在传播美食的同时，你可以通过短视频教大家制作美食，便能发展属于自己的用户群体和市场。

最后，这个切入点能否成功，需要满足三个条件：一是它是市面上目前还没有出现的点；二是它具有可操作性；三是它是用户所必需的。这三点通过以下的案例会非常好理解。

【案例："科技感"助力欧派家具突出重围】

目前，抖音上已经有很多家具品牌入驻，如何在众多家具品牌中脱颖而出成为各个家具商家需要思考的问题。比如尚品宅配通过定制家具，向消费者展现居住空间有限的情况下如何进行房间打造、东西收纳等，给用户带来直观的视觉冲击，进而吸引消费者。其他家具品牌则通过明星代言、挑战赛等形形色色的内容来吸引消费者。面对这样的情况，欧派家具是如何突出重围的呢？

欧派家具对所有的竞品进行了分析，发现其他家具展示了各式各样的特点，却没有"科技感"这一点，于是以此为突破口，找到产品的差异，进行对立型定位。比如，欧派家具在抖音上发布了一条"画了套功能齐全的主人房，这样设计了解一下？"的短视频（如图1-11所示）。短视频中突出展现了家具设计上的"科技感"，为欧派家具吸引了一波关注热潮。

图1-11 欧派 "科技感" 短视频截图

在这个短视频中，欧派家具一别其他家具视频中呈现的或精致唯美，或简洁明了，或满满生活气息的特色，以空荡荡的房间、寂寞的女性为切入点，魔法般出现的大床、衣柜、摆设、地毯等逐渐塞满房间，呈现舒适、有格调的生活空间，从无到有，带来强有力的视觉冲击，短时间内就积累了 3.1 万个赞。这就是找到产品的特别之处，或者找到运营的特别之处所取得的效果。

最后，需要提醒大家的是，做对立型定位时不要用力过猛，比如太过于别出心裁，风格变化过于频繁，明确点明竞品的缺点等，都是不可取的，往往既无法长久留住粉丝，还容易给自己带来麻烦。所以，如果是个人账号，应从自身的特长出发；如果是企业账号，则从品牌文化出发，长久、持续地做竞品调研，一步步形成抖音账号的定位，加深用户印象才是对立型定位的关键。

具体来说，大家根据本节所讲的方法，找到自己的账号与其他账号的差异，巧妙融入"比""更""没有""增加""不是……而是……"等常常出现在对立型定位广告语中的词语，做出更有特点、更吸引人的抖音账号定位。

第 2 章

内容生产框架：打造高质量高转化内容五大逻辑

　　要想玩转抖音运营，打造内容生产框架是关键。如果你认真观察，就会发现，凡是那些高质量、高流量的短视频，无一例外都很抓人眼球。那么，它们是怎么做到的呢？可以说，除了有优质的内容外，拍摄技巧、剪辑、封面、标题、文案都是不可忽略的细节。

2.1 巧拍摄：教你做出卖断货的抖音视频

为什么李子柒发布的美食能引发数千万人的围观？为什么"会说话的刘二豆"能俘获4600多万粉丝的"芳心"？为什么"摩登兄弟"的演唱视频能获得2亿多次的点赞？在玩抖音的时候，你是否也和我一样对这些视频的爆火充满了好奇？

事实上，如果你稍加观察就会发现，这些爆火的抖音视频背后都有一个共同的特征，那就是它们都足够抓人眼球、引人入胜。

那么，作为一个普通的抖音运营者，我们是否也能制作出这种实力圈粉、快速引流的短视频呢？对于这个问题，我的答案是可以，但必须用对方法。而在这个过程中，最基本的一步便是要掌握一定的拍摄技巧，拍摄出吸引人的视频内容。

作为一款以15秒视频为主要表现形式的App，毋庸置疑的是，抖音短视频拍摄质量的好坏直接关乎着抖音账号的火爆程度。很多人也许会说，视频拍摄很简单啊，一个手机就可以搞定。的确，抖音视频的拍摄并不难，但要拍好却不简单，它涉及设备的选择、构图的意境、拍摄的技巧、音乐的添加、特效的渲染等方方面面。

下面，我就将从这些角度出发，为大家详细讲解一下拍摄出高质量、高流量抖音视频的方法和技巧。

一、选好设备，事半功倍

要想拍摄出高质量的抖音短视频，选择合适的拍摄设备是基础，这就好比过河必须借助桥或船一样，没有技术设备的支持，再好的创意也无法完美呈现。

通常，在拍摄短视频的时候，我们可以选择的设备有很多，并且每一种设备所拍摄出来的效果也是完全不同的。归纳起来，在现实的生活中我们最常用的短视频拍摄设备主要有以下四种（如图2-1所示）。

手机　　　　　单反　　　　　摄像机　　　　　无人机

图 2-1　四种拍摄抖音视频的常用工具

为了方便大家更好地根据自己的实际情况做出最佳选择，下面，通过一个图表（表2-1）来为大家具体介绍一下以上每种工具的独特优势以及适用范围。

表 2-1　各类短视频拍摄工具的优点

拍摄工具	优点
手机	机身轻便、便于携带；操作简单、上手容易；分享方便、功能强大
单反	机身相对较轻；画质比手机更专业
摄像机	比手机和单反更为专业；画面效果更好
无人机	小型轻便、清晰度高；大比例尺、智能化；高广视角、画面丰富

作为专业的抖音玩家，建议大家选用尽量好的设备进行拍摄。尤其是风景拍摄，应尽可能选用单反摄像机等专业设备，以保证画质。除了以上提到的几种拍摄工具外，在实际的短视频拍摄过程中，经常被使用到的设备还有麦克风和轨道车。

这其中，麦克风的作用主要是能提高音质，尤其是在设备自身不具备录音功能或录音功能较弱的时候，麦克风就显得尤为重要；而轨道车则主要是运用于拍摄外景和拍摄动态视频，能够帮我们在移动中拍出大片的效果。当然，轨道车的类型也是非常多的，有非载人电动滑轨、便携式载人轨道车、匀速电动轨道车及脚踏电动轨道车等，这里就不一一介绍了，大家可以根据实际情况去合理选择使用。

二、完美构图，凸显美感

一个完美短视频的呈现，必然离不开成功的构图。换言之，在拍摄抖音短视频的过程中，我们只有遵循了构图原则、掌握了构图方法，才能让拍摄的视频凸显重点、层次分明、富有美感。

下面为大家总结归纳了十种常见的构图方式，希望能够帮助大家拍摄出富有艺术感的抖音视频。

❶ 中心构图——突出重点，明确主体

中心构图是将视频拍摄对象放在相机或手机画面的中心进行拍摄的一种方法，主要具有两大优势：一是能更好地突出主题，让人一眼就能看出视频的重点，更好地传递信息；二是构图简练，容易让画面达到左右平衡的效果。

❷ 景深构图——主体醒目、操作简便

景深构图是指拍摄对象从前到后一段距离内所有的场景都是清晰的，其他地方则是模糊效果的一种拍摄方法。镜头到焦点清晰的这段场景的距离叫作景深。

景深构图往往是利用大光圈来实现的，如今我们经常使用的专业视频拍摄设备基本都可以自由地调整光圈大小，所以这种拍摄方式操作起来十分简单方便，并且能形成很好的效果对比（如图 2 - 2 所示）。

图 2 - 2　景深构图

❸ 前景构图——丰富画面、层次分明

所谓的前景构图就是指在视频拍摄主体前面有选择性地放置一些事物，即在拍摄抖音视频时利用拍摄主体与镜头之间的景物进行构图的一种视频拍摄方式。这种构图方式可以增加视频画面的层次感，在很好地展现拍摄对象的同时丰富画面。

前景构图（如图 2 - 3 所示）又可分为两种：一种是将拍摄对象作为前景来进行拍摄；另一种是将除拍摄对象以外的事物作为前景进行拍摄。

图 2-3 前景构图

❹ 光线构图——营造氛围、光影艺术

光线构图（见图 2-4）是指在拍摄时利用光线展示拍摄对象的一种方法，这种拍摄方法最大的优势是可以很好地突出光影效果，让画面更具有艺术感。通常，在实际的拍摄过程中，我们主要可以运用顺光、侧光、逆光、顶光 4 类光线。

图 2-4 光线构图

❺ 三分线构图——平衡协调，增强美感

三分线构图（见图 2 – 5）是将视频画面按照横向或纵向分为三部分，在拍摄时将对象放在三分线的某一位置上进行构图取景的一种方法。其最大的优势是在突出主体的同时可以让画面更美观。

这种方法学起来比较简单，通常又可以细分为上、下、左、右、横向、竖向和综合三分线构图 7 种构图方法。

图 2 – 5　三分线构图

❻ 透视构图——立体感强、延伸成点

透视构图（见图 2 – 6）是指视频中的某一条线或者某几条线由近及远延伸成点的一种立体感很强的拍摄方法。

这种拍摄方式一般又可以分为两类：一类是单边透视方法，即拍摄视频时画面中只有一边带有由近及远形成延伸感的线条；另一类是双边透视方法，即拍摄视频时画面两边都带有由近及远形成延伸感的线条。

图 2-6   透视构图

❼ 黄金分割构图——观感舒适，独具美感

黄金分割构图（见图 2-7）是根据古希腊数学家毕达哥拉斯发现的黄金分割定律而来的，它是指一条线上较长部分与全长的比值等于较短部分与较长部分的比值，且这个比值约等于 0.618，其公式为：较长部分/全长 = 较短部分/较长部分 = 0.618。

黄金比例又被誉为世界上最完美的比例，通过黄金比例来构图，可以让拍摄出来的视频观感舒适，具有美感。

通常，在拍摄抖音短视频时，我们可以通过对角线与它的某条垂直线的交点作为黄金分割点来构图，也可以以每个正方形的边长为半径所延伸出来的一条具有黄金比例的螺旋线作为黄金分割来构图。

图 2-7　黄金分割构图

⑧ 九宫格构图——画面均衡、自然生动

九宫格构图（见图 2-8）又被称为井字形构图，它是黄金分割构图的简化版，利用这种方法拍摄出来的视频具有画面均衡，自然生动的优势。

在利用九宫格构图方式进行拍摄时，我们可以把画面的四个边分为三等份，形成"井"字，即九宫格形状，最中间的交叉点我们称之为趣味中心，是放视频拍摄对象的地方。

图 2-8　九宫格构图

❾ 圆形构图——规整唯美、不拘一格

圆形构图（见图2-9）是指在拍摄抖音视频时利用手机视频画面中出现的圆形来进行构图的一种拍摄方法，这种构图方式又可分为正圆形构图和椭圆形构图两种形式。通常，这两种圆形构图都能增强画面的整体感，打造旋转的视觉效果，让呈现出来的对象更具美感。

其中，利用正圆形构图拍摄出来的画面能给人一种很规整的美感，而利用椭圆形构图拍摄出来的画面则会给人一种不拘一格的视觉感受。

图2-9　圆形构图

❿ 仰拍构图——角度多变、各具美感

仰拍构图（见图2-10）是以仰视角度进行拍摄的一种短视频拍摄方法。这种方式也是我们最经常使用的抖音拍摄方法之一。比如，许多的抖音运营者在利用手机进行自拍的时候都会选择这种拍摄方法。

图 2 - 10　仰拍构图

三、掌握技巧，质感取胜

要想拍摄出优质的视频，除了要选择合适的设备、遵循正确的构图原则外，还要掌握一定的拍摄技巧。拍摄短视频不仅仅是技术操作上的问题，更是对一个人全面思考力的重要考验。为了让大家在拍摄短视频的过程中能少走弯路、拍出质感，下面分享一些拍摄视频的小窍门。

❶ 保持稳定，避免晃动

避免视频画面的晃动是拍摄出完美视频效果的基础。而要做到保持画面的稳定，以下建议可以帮助到你。

1）借助辅助设备

这一点对于手机拍摄尤其适用。在用手机拍摄视频的过程中，许多人都会遇到这样的难题：单凭手臂力量很难维持手机稳定。而这个时候，如果我们善于使用辅助设备，那么问题就能迎刃而解。

在这里着重向大家推荐一款保持手机画面稳定的神器——手持云平台。这款工具方便易携，功能也十分强大。

2）找到力的支撑点

除了借助设备外，在拍摄过程中，我们也可以借助自己的身体来保持画面的稳定。一个切实可行的办法就是拿稳拍摄设备，利用手肘、膝盖或大腿做支撑，找到一个力的支撑点。

3）保持拍摄环境的稳定

拍摄环境也是关乎视频画面稳定与否的关键。比如，在一个人多拥挤的环境中进行拍摄，就有可能导致镜头不稳。同时，在熙熙攘攘的人群中拍出来的画面本身质量也不高。

❷ 明确主题，突出主体

那些高质量、高流量的抖音视频往往都有一个共同点，那就是都能够完美地表现出自己的中心思想。如果说中心思想是短视频的灵魂的话，那么，明确主题、突出主体就是构建短视频灵魂的关键。

主题很好理解，就是你想通过这个短视频表达什么内容、传递什么价值；而所谓的主体，则是指视频所要表现的拍摄对象，它是视频画面的中心和重心，也是反映视频内容和视频主题的重要载体。

一般来说，突出主体主要有两种方法：一是直接展示，即直接将想要拍摄的主体摆在视频最突出的位置；二是间接展示，即通过渲染其他事物来表现视频拍摄的主体。

❸ 选好陪衬，烘托气氛

陪衬也是组成视频画面的重要元素，它指的是那些在视频画面中对拍摄主体起到突出与烘托作用的对象，它的存在能增加视频的层次，丰富画面的视觉感受。

在选择陪衬的时候，一个最重要的原则就是陪衬所占据的视频画面面积不可大于主体，避免"反客为主"。此外，还应该主要合理地调配视频主体与陪衬之间的色彩搭配和位置关系。

总而言之，拍摄出抓人眼球、吸引流量的抖音短视频绝非易事，但也并非不能实现。只要你用对了方法、掌握了技巧，再加上细心、诚心和耐心，那么，你离流量抖音网红的距离就不再遥不可及。

2.2 重剪辑：巧设参数，优质输出

在上文中，我已经为大家介绍了拍摄抖音短视频的一些方法和技巧，事实上，要想制作出高流量的抖音短视频，"拍"只是第一步，后期的剪辑和包装也同样重要。

一、抖音剪辑包装的三大原则

可以说，大部分精彩的抖音视频都必须经过剪辑包装这一必要环节。对抖音视频进行剪辑包装时，一方面是要保持素材之间的相互关联性，另一方面也要重视音乐、字幕、特效等各方面的点缀。

归纳起来，抖音短视频后期的剪辑包装工作主要包括以下几项，如图 2 - 11 所示。

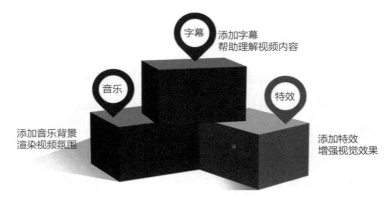

字幕　添加字幕
帮助理解视频内容

音乐

特效

添加音乐背景
渲染视频氛围

添加特效
增强视觉效果

图 2-11　剪辑包装的主要工作

　　而要做好这几项工作，做出高质量、高流量的抖音短视频，在进行抖音视频剪辑的时候，我们就必须遵守以下三大原则：

❶ 细——细致

　　所谓的细致，就是指在进行抖音短视频的剪辑包装时，必须保证素材之间的衔接自然顺畅、细腻无痕，让人感觉不到痕迹。

❷ 新——新意

　　所谓的新意，就是指要有创意，剪辑出来的视频要附带自己的想法，突出自己的个性，给人与众不同、耳目一新的感觉。

❸ 真——真诚

　　所谓的真诚，就是指在进行抖音短视频后期制作的时候要带入自己的真心，多站在粉丝的角度考虑问题，绝不敷衍了事。

　　总之，短视频剪辑包装的精华便浓缩于"细、新、真"三字之中。只有精准把握了这三个字的内涵，我们才有可能剪辑出观众喜爱的抖音短视频。

二、剪辑时可能需要解决的问题以及应对方案

正所谓"没有浑然天成的拍摄，只有用心良苦的剪辑"，对抖音短视频进行剪辑的目的就是为了使其更符合我们的预期，更能带给观众美的感受。结合实际经验，我总结得出了在对抖音短视频进行剪辑时需要解决的三大问题，以及相应的应对方法。

❶ 背景音乐有杂音——利用混音调节

背景音乐有杂音是我们在拍摄抖音短视频时经常会遇到的问题，比如，短视频的背景音乐太大，听不清人声；街道环境太嘈杂，使音乐的美感受到了影响等。这时候，我们就需要借助后期剪辑的力量来弱化杂音，具体来说，就是利用混音来调节。

通常，在调节的过程中要遵守两大原则。

1）能减就尽量减

在现实的生活中，大多数人的抖音短视频基本上都是随手拍摄的，很少有人会为了拍一个 15 秒的视频而专门去找一个安静的环境，再加上视频拍摄设备自带的麦克风所采集到的原声音质本身就不高，如果一味增大音量的话，只会让声音变得更模糊。除此之外，经验也告诉我们，如果视频的声音高于真实的音量，也会造成我们听觉上的不适。

因此，在进行声音调节的过程中，必须遵循的原则之一就是要避免原声太高，在不影响听觉效果的情况下，能减就尽量减。

2）能有就不要少

在前文中，我已经强调过，进行抖音短视频原声调节的原则之一就是能减就尽量减。那么，这是不是就意味着抖音短视频的背景音乐

也可以完全省去呢？答案显然是否定的，这里就涉及调节抖音背景声音的第二个原则——背景音乐能有就不要少。

其实，许多抖音运营者，尤其是定位为教学视频的抖音运营者在制作抖音视频的时候，为了保证用户能够听到更清晰、更准确的原声，往往会放弃背景音乐的添加。这种做法并不可取。

正如前文所说，当我们在使用拍摄设备自带的麦克风采集原声的时候，一定会存在某种程度上的噪音。而此时，如果我们选择加入一些轻柔舒缓的背景音乐，并遵照上文中提到的第一条原则将声音调到合适的音量，那么，不仅可以有效地遮盖噪音，还可以带给用户更好的听觉享受，让整条短视频显得更高级。

❷ 拍摄效果不佳——切换其他滤镜

在拍摄时，滤镜的重要性是不言而喻的。在后期制作时添加合适的滤镜可以让视频的色彩变得更加鲜艳。

归纳起来，在进行抖音短视频的后期剪辑时，最常用到的滤镜主要有以下三种，如图 2－12 所示。

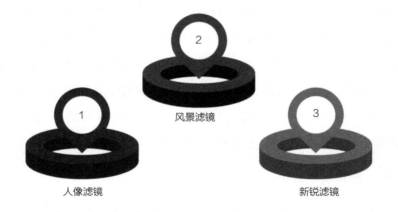

图 2－12　常用的三种滤镜

1） 人像滤镜：注重于对色温的调节

当我们在进行人像拍摄，尤其是自拍的时候，使用最多的便是前置摄像头。此时，如果我们选择的拍摄环境光线不充足，且无法补光时，拍摄出来的人物脸部就会显得灰暗而没有精气神。遇到这种情况，在后期剪辑的时候添加合适的人像滤镜就能完美地解决问题。

具体来说，我们可以点击选择慕斯、白皙等滤镜效果，通过对色温的调节来提高人物面部的白皙度、红润度和饱满度。

需要注意的是，在添加人像滤镜的时候，不同的肤色和不同的拍摄环境所需要选择的滤镜也不相同，抖音运营者在拍摄短视频的过程中可以根据预览对各种滤镜进行滑动点选，通过不断尝试去选择滤镜效果。一般来说，色温和光线之间的关系是非常密切的，当光线十分充足的时候，拍摄者选择"冷系"滤镜会达到一个较好的效果；而当光线较暗时，则选择"暖系"滤镜效果更佳。

2） 风景滤镜——注重对于平衡的调节

风景拍摄一般都是在户外进行的，大多数情况下，由于光线的原因会产生色差，导致景物出现失真。而此时，如果我们利用风景滤镜的作用对镜头的白平衡进行调节，就可以完美解决问题，使所拍画面达到真实、鲜艳的效果。

这是因为，风景滤镜主要利用的原理是从不同的光线平衡出发，使得所拍景物恢复到更加自然的状态。和人像滤镜一样，风景滤镜也分为许多种，在选择的过程中，我们可以通过滑动点选的方式来进行设置。

3） 新锐滤镜——注重对于对比度的调节

新锐滤镜的主要作用是能够将镜头下的对比度调得比较夸张，进而给观众呈现出复古、反差、单色等能够产生强烈视觉冲击的视频效果，因此，它又被称为个性滤镜。

其实，在实际的抖音短视频拍摄过程中，我并不建议大家使用这种滤镜，这种强烈的镜头效果更加适合于拍照，而不是视频拍摄，因为连续性的反差镜头容易让人产生视觉疲劳和不适。

❸ 颜值不足——美颜效果的利用

在拍摄抖音短视频的过程中，美颜应该是使用最频繁的特效工具，这是因为抖音短视频的拍摄主体通常都是人，而爱美又是人的天性，美颜工具的出现，刚好可以满足人们变美的愿望。

归纳起来，核心的美颜功能主要有磨皮、瘦脸、大眼三类。

1）磨皮

磨皮是精确的白平衡、色温调节，可以增强镜头中人物面部的光线效果，使皮肤看起来更加白皙，同时将面部的一些瑕疵，比如疙瘩、色斑、痘印等遮盖掉。

其实，抖音 App 的拍摄功能是自带磨皮效果的，这也就意味着，如果我们是直接使用抖音 App 进行短视频拍摄的话，一般就不需要再进行磨皮的操作。假如我们对于抖音自带的磨皮默认指数 48 不满意的话，也可以适当地进行调节，但要注意保证指数不能超过 70，否则会使得皮肤过于红润而显得失真。

2）瘦脸

瘦脸效果最为明显的是下巴和脸颊的收束，通过利用瘦脸工具会使得人脸显得更瘦更窄。

通常，瘦脸的指数越高，人脸部的收束弧度就会越大，瘦脸效果也就越明显。在实际的抖音拍摄过程中，我建议大家将瘦脸指数设置成 60，这也是抖音 App 默认的瘦脸效果，因为这一指数能保证人脸部的收束弧度显得最为自然。

3）大眼

大眼效果的主要作用是将额头以及眼部四周的弧度拉宽、放大，使得整个人的眼睛看起来更大。抖音软件默认的大眼指数为 60，在这个指数下大眼的效果其实不是很明显，在实际的视频拍摄过程中，大家可以根据自己的实际需要去设置大眼指数。

需要注意的是，如果在使用大眼指数的同时还使用了瘦脸效果，那么，我们就应该将大眼的指数适当调低，这样才能使得人物面部看起来更加协调。

三、五种实用的短视频后期 App

以上介绍了剪辑包装的原则以及在剪辑的过程中我们可能需要解决的问题和应对措施。事实上，在剪辑抖音短视频的过程中，我们除了可以借助抖音软件自带的剪辑功能外，还可以"申请外援"，借助一些其他的短视频后期 App。

那么接下来，我将为大家推荐几款实用的短视频后期 App（见表 2-2）。有了这些 App 的支持，即便你选择最简单的拍摄工具，也一样能做出具有专业水准的优质短视频。

表 2-2　五类实用的短视频后期 App

App	主要功能	优势
小影	视频拍摄、视频剪辑、视频特效、保存草稿	操作简单，分享方便；拍摄风格多样、特效强大；随走随拍，不受时间限制

(续)

App	主要功能	优势
乐秀	视频拍摄、视频剪辑、主题素材、草稿保存、音乐相册	界面干净、操作简单；系统专业、能实现图片和视频的结合；素材众多、方便分享
FilmoraGo	帮助提示、视频编辑、素材购买、查看视频	简单、免费、无广告；视频时长不受限制；海量主题可供选择
巧影	视频编辑、软件设置、素材商店	具有视动态贴纸、各色视频主题和强大过滤效果；设计贴心、人性化
KineMix	视频拍摄、菜单栏、视频导入	界面干净文艺；操作简单；有针对性，主要用于声音方面的剪辑

以上介绍了5种简单实用的短视频后期App，相对来说，这些App更适用于手机拍摄出来的抖音视频。如果你使用的是更为专业的摄像机或者无人机，那么，你可能就需要选择一些更为专业的剪辑软件，比如会声会影、快剪辑、爱剪辑、Pr等。选择哪种工具最为恰当并没有定论，而应该根据具体情况去决定。

总之，要想拍摄出高质量、高流量的抖音短视频，就要掌握一定的后期处理技巧，只有经过精心打磨的作品，才更有可能成为精品。

2.3 设封面：结合输出内容展现特点

在抖音运营中，设置一个好的抖音短视频封面是非常重要的。一方面，它能够让用户一目了然地看到我们的抖音账号中每一个视频的亮点;另一方面,精彩的封面也能够有效地提升抖音短视频的点击率和完播率。

在海量的抖音账号中,如果你的封面比别人更具有特色、更亮眼、更能让人记住,那么,你的抖音短视频就有可能获得比别人更多的曝光机会。这也就意味着,抖音封面制作往往是通过更低廉的成本、更少的操作步骤获取流量的最佳方式。

一、抖音短视频封面设计实操

下面,我将从抖音短视频封面设计步骤、自由转换动态/静态封面、为抖音短视频封面添加文案三个方面来为大家介绍一下抖音封面设计的实操方法。

❶ 设计抖音短视频封面的步骤

熟悉抖音的人都知道,抖音短视频的封面都是从短视频内容中截取的。所以,设计一个好的抖音视频封面的基础便是要拍摄出有新意的短视频。具体来说,抖音封面的设计步骤可分为以下两个步骤:

步骤一:将你拍摄的短视频打开,在下面的进度条中选取你想要展示的视频的长度,先调整视频的播放速度,然后再点击"下一步";

步骤二:在这一个环节中,先点击手机下方的"选封面",然后从视频中选取你想当作封面的那节视频,再点击"完成"即可。

❷ 自由转换动态/静态封面

抖音封面设置的一个特别之处就是它可以随心所欲地切换动态/静态封面。

从内容的角度来看,一般情况下,我们制作的抖音短视频封面都是动态的，因为动态图片要比静态图片更吸引眼球，更能博得用户的关注。但也有例外，根据抖音短视频内容的特点，有时静态的封面效果反而更好，比如当短视频传播的主要是文字、艺术方面的内容时，往往就需要用静态的封面来呈现。

因此，掌握动静两种短视频的封面设计方法是非常必要的。具体的操作方法如图 2 – 13、图 2 – 14 所示。

图 2 –13　动态封面设置步骤

图 2 –14　静态封面设置步骤图

❸ 在抖音短视频封面中添加文案

我们经常会看到很多抖音大咖在抖音短视频封面上加了文案，这些抖音短视频往往更引人关注且能够更好地引导用户理解短视频的中心思想。那么，在抖音短视频封面中添加文案是怎样实现的呢？

方法其实很简单：首先，我们需要借助后期制作软件，如美册 App 等，对短视频进行后期的制作包装，具体的方法就是打开 App，点击字幕特效编辑文字，然后再从添加了字幕的抖音视频中截取一帧画面作为封面就可以了。

二、三种常见的抖音封面类型

在实际的抖音运营中，要想让自己的抖音封面独具个性、成功吸粉，还需要掌握一些小诀窍、运用一些"小心机"。在浏览了近百个热门抖音账号的封面设计后，结合自身的抖音运营经验，我总结得出了最常见的三种抖音封面类型。

❶ 个人图像——最常见的抖音封面

运用自己的图像做抖音短视频的封面是最常见的抖音封面设计方法之一，其最大的优势是操作简单，能很好地进行自我展示。

不过，对于这种抖音封面设计方法，我个人持保留态度。在实际的抖音运营过程中，如果大家一定要选择这种封面设计方法，那么，我的建议是你所拍摄的抖音短视频最好具备一定的深度并具有自己的独特风格，能够进行深度的人格化运营。

❷ "买家秀"——提高用户关注度的有效选择

对于那些想通过抖音实现流量变现的品牌商而言，利用"买家秀"作为抖音封面是非常不错的选择，尤其是那些美妆、美食类抖音账号。

通常，当那些具很强诱惑力的效果图或成品图呈现在用户眼前时，往往能更好地激发用户的观看兴趣，促使其点开视频。

❸ 文字标题——凸显重点的直接形式

具体来说，文字形式的抖音封面又可以分为以下两类。

1）直接展现文字

这种文字封面设计十分简单，并且能够在最短的时间内让用户了解到短视频内容的精髓。

需要注意的是，在采用这种方式制作短视频封面的时候，最好能以省略句或疑问句的句式去呈现，这样做的好处是能够更加容易地引发用户的好奇心和情感共鸣，增强情景代入感。

2）固定模板式

简单来说，巧用固定模板的文字封面设计方式就是制作一个固定的模板，然后根据每次发布的视频内容去填充文字模板。我们所熟悉的抖音红人李佳琦所采用的就是这样的模板式抖音封面。

需要注意的是，在采用文字封面的时候，还应当把握以下三大要点，如图 2 - 15 所示：

图 2 - 15　采用文字封面的三大要点

a. 字号要醒目

在封面中，足够醒目的文字内容能迅速抓住用户的眼球，引起用户的高度关注，我的建议是最好设置为 24 号字体，或者比 24 号略大一些的字体。

一般来说，用户看到的封面都不是全屏显示的，只有当字体足够大的时候，才能保证用户看一眼就知道短视频内容是关于哪方面的。

b. 控制文字数量

抖音封面的文字字数是有限制的，一般不能超过 30 个字，所以在进行封面设计的时候，要学会总结和提炼，控制文字数量，突出重点、展示核心。

c. 汉字居中显示

将汉字居中显示可以让用户一眼就注意到视频的主题。相反，如果文字的位置太高或者太低，则有可能会出现展示不完整的情况，从而影响用户的观看体验。

2.4 取标题：好标题价值千金

标题能够给用户提供最直接、最重要的第一印象。一个好的标题，能够迅速抓人眼球，激发用户观看短视频的兴趣；反之，一个令人感觉索然无味的标题，则会让用户瞬间失去了解短视频内容的欲望，如图 2－16 所示。

那么，标题究竟有哪些重要作用呢？归纳起来，一个好的抖音标题的重要作用主要表现在以下三方面。

图 2－16　好标题的三大作用

从这个角度来说，一条抖音短视频能否爆红，标题起到了举足轻重的作用。下面，我就将从取标题的四大准则和三大方法两方面来教大家写出秒抓用户眼球的抖音标题。

一、取标题的四大准则

❶ 精准：表达态度，突出主题

抖音短视频的标题一定要精准，要能够准确地传递抖音运营者的观念和态度，让目标用户一眼就知道你的抖音视频的核心内容。

❷ 真实：标题与内容相符合

在拟定抖音标题时，一定要从事实出发，切忌虚假夸大，造成抖音内容和标题的严重不符，否则，就会让用户产生莫名其妙的感觉，从而降低用户的满意度，影响和用户之间建立真实长久的互动关系。

❸ 走心：充满情感，引发共鸣

不管在任何时候，走心的东西、充满情感的东西、能引发共鸣的东西，永远是最高级的。这一点对于抖音标题同样适用。

标题的一个重要作用就是吸引用户关注，而一个不带感情的冷冰冰的标题显然无法做到这一点。而要想减少生硬感，拉近与用户之间的距离，在拟定抖音标题的时候，就必须带着情感、带着温度。

❹ 创意：标新立异，拒绝沉闷

在标题中加入一些富有创意的元素也是拟定抖音标题的一个重要原则。这是因为，标新立异的东西往往能更好地吸引人的注意，从而帮助我们更好地达到引流吸粉的目的。

二、拟定标题的三大方法

以上我们已经分析了拟定抖音标题的重要作用和应遵守的四大准则。接下来，我将为大家讲解拟定抖音短视频标题的三大实用方法。

❶ 利用抖音算法推荐机制拟定标题

我们都知道，抖音的算法推荐机制能够为抖音运营者提供公平的引流机会，而在拟定抖音标题的时候，我们也可以充分利用抖音的算法推荐机制。具体来说，就是通过拟定抖音标题去告诉抖音算法，该为我们推荐什么样的精准受众。

在利用抖音的算法推荐机制拟定标题的时候，要把握以下要点：

1）标题中应指出目标用户群。例如：职场达人穿搭指南，30 种穿搭风格，让你每天都做美美的"白骨精"。

2）多使用疑问句或反问句，吸引用户的注意力。例如：你知道如何在一个小时后内学会一支流行舞吗？

3）标题中含有建议性内容。例如：这样回答离职的原因，面试官不服都难。

4）多使用数字或者数据。例如：100 块的面膜只要 10 块？面膜行业的暴利揭晓。

5）强调价值和省钱。例如：月薪 3500 的她凭什么名牌傍身？原来是领券了。

6）加入流行词、明星名字、知名品牌、时事热点等。例如：比赵丽颖更美的老师，你见过吗？

7）设置悬念，激发用户好奇心。例如：美女节假日前后状态，第三张图片亮了。

❷ 站在粉丝的立场去拟定标题

熟悉抖音算法机制的人都知道，当我们发布一个抖音视频后，平台就会根据我们所发布的内容将我们的视频作品推送给相匹配的粉丝。如果我们发布的视频能够收获足够多的点赞和转发，那么，平台就会再次将我们的抖音视频推送给更多的人，让我们的短视频获得更大的引流机会。

在这个过程中，粉丝的作用是非常关键的，因为他们的观看、点赞、转发和评论行为从某种程度而言，其实直接关系着我们的抖音视频是否能够被系统推荐，是否能够获得更大的流量机会。

而要想得到更多粉丝的支持，刺激他们的观看、点赞、转发和评论行为，就需要与粉丝建立一定的连接，让粉丝更愿意去关注我们。而抖音标题，就是一个很好的连接方式。通过抖音标题，粉丝能够迅速了解我们的抖音内容，从而快速做出是否点击观看的决定。

从这个角度来说，当我们在拟定抖音标题的时候，很重要的一点就是一定要站在粉丝的立场去考虑，多洞察他们的内心，弄清楚他们的心理诉求、他们感兴趣的内容以及他们排斥的内容。这样有的放矢拟定出来的标题，通常更具有吸粉能力。

比如，如果你的抖音目标用户是户外运动者，那么，在拟定标题的时候，你就可以使用单车、攀岩、滑翔伞等词汇；如果你的抖音目标用户是宝妈，那么，育儿、教育等词汇就可以成为你标题的关键词。

❸ 根据抖音热度去拟定标题

在拟定标题的时候，还有一种切实可行的方法就是根据抖音上关键词的热度去拟定。

在使用这种方法的时候，你首先需要根据抖音短视频的内容去提取几个关键词。然后再将这些关键词一一输入抖音 App 的搜索栏，看一看哪一个关键词下面的短视频数量最多、浏览量和点赞量最高。通常，搜索关键词后出现的短视频越多、浏览量和点赞量越高，就证明这个关键词越热门、越受欢迎。之后，就可以选择将那个抖音热度最高的关键词设置为标题标签。

下面，我们以为一条介绍服装的抖音视频取标题的过程来演示一下如何根据抖音热搜去拟定标题。

这条抖音是有关服装的，所以，我们根据内容提炼出"时装""穿搭""变美"等关键词。

然后，依次将这几个关键词输入抖音内容搜索栏，并分别查看和统计各关键词相关的短视频数量、浏览量和点赞量。如图 2 - 17、图 2 - 18、图 2 - 19 所示。

图 2 - 17 把关键词 "穿搭" 放入抖音搜索栏

图2-18　把关键词"时装"
放入抖音搜索栏

图2-19　把关键词"变美"
放入抖音搜索栏

　　最后，根据统计的结果选择出热度最高的那个关键词作为标题标签。

　　总之，在运营抖音的过程中，千万不要忽视标题的重要性。当然，为抖音短视频取一个好标题需要关注的点还有很多，这就需要我们在实践的过程中不断地去进行探索和总结。

2.5　神文案：凭借一句话就能卖断货

每一条高流量的抖音短视频背后，都有一个好文案的支撑。而提到靠文案一炮而红的抖音，相信许多人和我一样，首先想到的便是"答案奶茶"。

【成功案例：会占卜的答案奶茶靠走心文字火爆抖音】

答案奶茶是一款号称会"占卜"的奶茶：当你买到一杯奶茶并在腰封上写下你想问的问题，你只需要拧开瓶盖，就可以找到答案。

关于答案奶茶，在抖音上有许多非常火爆的视频。其中一条是这样的：男孩在奶茶腰封上写下了这样一个问题："错过的人，如何挽回?"这八个字，也是该视频的唯一文案。

随后，视频镜头切换成了男孩慢慢掀开奶茶瓶盖，最后，镜头定格在了瓶盖上醒目的三个大字上："算了吧。"，与此同时，音乐很应景地响了起来……

不得不说，这条文案是非常走心的，引发了无数人的共鸣，而拧开瓶盖后的回答也是恰到好处，再配上音乐的渲染，于是，该视频一经推出，就获赞无数。大家在感同身受的同时，也深刻地记住了奶茶品牌（如图 2 - 20 所示）。这便是好文案的无穷魅力。

文案对于抖音短视频的重要性是有目共睹的。一方面，它能够让我们的短视频更立体、更丰富、更具有传播力；另一方面，它能够迅速地传达我们的思想、表达我们的意图、撩拨粉丝的情绪、吸引粉丝的关注。

图2-20　占卜奶茶文案截图

那么，如何才能写出扣人心弦、引发关注的好文案呢？接下来，我们就一起来学习一下。

一、抖音视频文案撰写步骤

一条好的抖音文案从构思到最终呈现一般会经历以下步骤：

❶ 搭建文案框架

要想写出抓人眼球、引发共鸣的好文案，在进行文案写作之前，我们首先要搭建文案的写作框架，即做好文案写作大纲。这个文案框架的存在，是为了帮助我们更好地去确定文案的创作方向。

具体来说，在搭建文案框架的过程中，我们要弄清楚以下几大问题，如图2-21所示。

图 2 - 21　搭建文案框架时应弄清的四大问题

❷摘选、整理信息，找到切入点

当文案框架搭建完毕后，接下来要做的就是将我们在上一个步骤中所了解和掌握的信息进行筛选和整理加工，确定短视频内容的主题和切入点；

❸把信息转化为文字

依据已经确定好的主题，调整内容，将搜集到的信息转化成为文字，最终形成文案。

二、六类常见抖音文案的写作方法

通常，抖音文案的类型和格式并不是固定的，但总体来说，不管是哪种类型的抖音文案都必须遵守能够调动情感，引发共鸣的共同原则。

换言之，不管你的抖音视频文案是浪漫唯美的、俏皮可爱的，还是嘻哈搞笑的，只要你在写作的过程中能够找到目标用户的共性，挖掘出他们共同感兴趣或关心的话题，并适时表明直接的态度，那么，你写出的文案就能在情感上与目标用户达成一致，从而让他们更愿意关注你。

那么下面，我就将从这一原则出发，为大家介绍六类最常见的抖音文案写作方法。

❶ 互动类文案

为了有效激发用户的互动欲望，互动类的短视频文案最好设置为疑问句或反问句，这种带有趣味性和启发性的开放式问题能够在很好地制造悬念的同时，给用户留下足够的回答空间，引导用户自然而然地进行评论，从而提升短视频的点击量。

【写作示范："你认为怎么样？""有你喜欢的吗？""你有这样的朋友吗？""我做错什么了？""你们说应该如何解决啊？"】

❷ 段子类文案

风趣幽默、具有出乎意料的反转效果是段子类文案的共同特点。一般来说，段子类的视频文案不需要与视频本身的内容有紧密的联系，但一定要具有超强的场景感，能带给用户身临其境的感觉，最大程度地激发用户的反馈。

【写作示范：我永远忘不了与女朋友相识的那个晚上。那天晚上，一个姑娘跑来敲门，我妈开门问："有事吗？"姑娘急匆匆地问："阿姨你有没有看到一只狗？"我妈转身，指了指躺在沙发上的我……】

❸ 共谋类文案

当人们在做某件事情时，总想找一个或者一群人与自己一起努力，这也是共谋类文案出现并能产生神奇效果的重要原因。通常，共谋类抖音文案又可分为励志、同情等多种类型，其最大的特点是能够引发用户的共鸣，收获更多的关注。

【写作示范："失眠成瘾，有同类吗？""夏天来了，愿意和我一起打卡健身吗？""今天，你是否也感受到了不一样的快乐？"……】

❹ 悬念类文案

悬念类文案的最大特点是能够留给用户无限的想象空间，带给用户意犹未尽的感觉，并有效延长用户在视频页面的停留时间。通常，这类短视频会在最后一秒留下悬念，或者设置反转，给用户留下深刻印象。

【写作示范："一定要看到最后""最后那个笑死我了，哈哈""最后一秒颠覆你的三观"……】

❺ 叙述类文案

有画面感的叙述，通常更能让人浮想联翩，产生共鸣。所以叙述类抖音短视频文案的写作要点就是要营造置身其中的感觉，增强与用户的互动性。要做到这一点，就要求我们在写作的时候最好能够选用富有场景感的故事，切记不能自顾自地平铺直叙。

【写作示范："认识一年的理发师，只能在走廊里抽空吃个外卖，漂着的人都不容易啊。"】

❻ "恐吓"类文案

"恐吓"类文案的典型特征是能够制造紧迫感，让用户产生怀疑并迫切想在视频中寻找正确答案。

【写作示范："我们每天都在吃的蔬菜，你真的懂吗？""每天这样化妆，你不怕吗？"】

三、提高视频文案转发率的四大方法

上文为大家介绍了抖音文案的框架搭建和不同类型文案的写作方法。事实上，不管是哪种类型的抖音文案，最终的目的都是为了最大化地启发和激励用户点赞或者转发我们的抖音作品。从这个角度来说，评价一条抖音文案成功与否的一个重要标尺就是这条文案的最终转发率，转发率越高，就证明抖音文案越出彩。

那么，问题又来了，在现实的文案写作过程中，有没有什么具体的办法可以帮助我们提高文案的转发率呢？接下来，我就将为大家介绍四种提高文案转发率的具体方法，如图2-22所示。

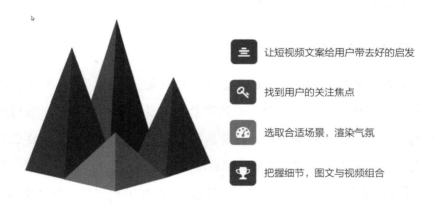

让短视频文案给用户带去好的启发

找到用户的关注焦点

选取合适场景，渲染气氛

把握细节，图文与视频组合

图2-22　提高视频文案转发率的四大方法

❶ 让短视频文案给用户带去好的启发

提高抖音文案转发率的一个关键因素就是要看这条抖音的文案是否能给用户带去好的启发，让用户学到实用的知识，以及是否能最大限度地引发用户共鸣。

而要做到这一点，就要求我们在写作文案时一定要认真思考，弄

清楚哪些内容是有可能会带给用户好的启发或者会让用户产生愉悦感和满足感的，然后再有针对性地去选择和撰写抖音文案。

❷ 找到用户的关注焦点

提高文案转换率的另一个关键是要学会分析各种数据，找到用户的关注焦点，做到有的放矢。

那么，如何才能做到这一点呢？方法其实很简单，只需两个步骤即可：第一步，定位目标用户人群；第二步，分析目标人群的特点和心理需求，总结得出他们的关注焦点。

❸ 选取合适场景，渲染气氛

选取合适场景，渲染视频氛围，使视频气氛与内容相吻合，这些对于提高视频文案的转化率也具有至关重要的作用。

例如，如果你拍摄的抖音短视频是有关穿搭的，那么你就可以选择一个美女逛街或者在穿衣镜前试衣服的拍摄场景，并且在短视频中营造出一种时尚、精致的氛围，让用户一眼便看懂你想要表达的内容。

❹ 把握细节，图文与视频组合

为了便于用户理解视频所表达的深层含义，准确获取更多有价值的内容信息，在进行抖音视频拍摄的时候，我们可以采用图文与视频组合的方式对抖音短视频的细节进行详细的描述。

总之，文案是抖音短视频的点睛之笔，它的魅力在于，哪怕是再平凡普通的抖音短视频，经过文案的点缀之后，也同样可以大放异彩。而关于短视频文案的写作，除了反复的练习、不断的积累和学习以外，没有任何捷径可走，这也就要求我们在运营抖音短视频的过程中，一定多思多想、多看多学。

第 3 章

内容价值模型：
打造爆款内容的五个
专用模板

在这个内容为王的传播时代，凡是不重视内容打造的抖音账号，很难获得成功。从某种程度来说，内容的打造是决定抖音账号运营成败的关键，也是保证抖音视频火遍全网、获取更多流量的关键。

3.1 搬运法：抖音新手第一招

毋庸置疑，在这个内容为王的时代，原创固然是运营抖音的最好利器。可是很多时候，在实际的抖音运营过程中我们不得不面对这样的尴尬：创意确实有限，也不具备自主内容创作能力，做不出原创内容。那么，这是不是就意味着我们的抖音账号无法做起来了呢？

答案是不一定。即便是你肚子里确实没有多少创意，不擅长产出内容，但只要用心肯学，同样可以成为抖音运营高手。

在本节的内容中，我就将为大家推荐一种不需要原创也同样能火的抖音内容打造法：搬运法。这种方法尤其适合那些不知道如何进行内容原创但是又想涨粉的抖音运营小白。

一、内容搬运的途径

所谓的"搬运法"，简单来说，就是从别的地方把一些我们认为不错的内容搬运过来，放到自己的抖音账号上。要想用好这种方法，那么我们首先要解决的第一个问题就是：到哪里去"搬运"内容，即找到搬运的途径。

以下（见图3-1）为大家提供四种内容搬运途径。

图 3 - 1　内容搬运的四大途径

❶ 从国外的网站上搬运

比如：YouTube 等网站。从这些国外主流的视频网站，我们可以很容易就精选出一批好的内容出来，但是在搬运国外视频内容的过程中，请别忘记用后期软件把原视频的水印去掉。

❷ 从社交媒体里搬运

各大社交媒体是已经成熟了的内容制造空间，公众号的文字以及朋友圈、微博里的各种视频，都可以是我们搬运的内容。我们要善于从社交媒体里发现有创意的内容，把它用到我们的抖音运营上去。可以说，社交媒体是一个巨大的创意源。

❸ 从经典影视剧里搬运

有很多经典的影视剧桥段或者情节都是非常吸引人的。我们可以把这些经典重新演绎，也可以对这些经典镜头重新剪辑，都可以轻松做出非常好的内容。

❹ 从关注的名人那里搬运

名人身上自带巨大流量，他们的一言一行都容易成为热度。借助名人的效应，就是"蹭热度"。比如马云，马云的每一次演讲都会成为大家谈论的话题。我们可以创建一个抖音账号，专门收集马云的演讲视频，这就是搬运名人的内容。

二、做好搬运内容的加工创新

搬运法是很多抖音运营者都会用到的一种内容打造方法，尤其是对于那些刚刚运营抖音不久的新手而言，这种操作简单的方法非常实用。

然而，搬运法虽然看起来十分简单，但是在实际的操作过程中，也需要开动脑筋，讲究技巧。作为一个合格的"内容搬运工"，在进行内容搬运的过程中，照搬照抄肯定是不行的，还必须要对内容进行加工和创新，把借鉴过来的东西转化为自己的东西。

以下提供三种对搬运内容进行加工创新的实用方法。

❶ 创新展现形式

比如，如果我们搬运的内容是文字版的，那么，在进行视频展现的时候，我们就可以换一种方式，把这种纯文字的东西，改成人物台词，通过人物出镜的方式去呈现。

❷ 创新内容

如果我们要搬运的内容是关于讲道理的，那么，我们就可以通过一个故事去展现这个道理。

以"坚持就是胜利"这个道理为例，在实际的抖音运营中，我们可以通过讲述一个"某男生坚持三年，终于通过司法考试"的故事来诠释道理。相比于单纯的讲道理，这样的故事呈现方式往往更能引发用户的共鸣。

❸ 创新框架搭建

创新框架搭建也是我们在做搬运内容的加工创新时经常会采用的一种方法。比如说，如果我们搬运过来的内容是一个大的框架，那么，在实际的制作过程中，我们就可以把这个大的框架分成几个小版块，并且对每个小版块都进行详细的解释。

以制作短视频的方法为例，我们就可以把这种方法再具体细分为视频拍摄方法、视频剪辑方法、文案添加方法、音频添加方法、封面制作方法几大块。相比于笼统化的搬运内容，这样细分过后的内容往往更具有吸引力。

总而言之，在抖音短视频爆红的今天，作为抖音运营者，即便你没有很好的原创能力，只要你掌握了搬运法的相关技巧，你同样可以借助从别人那"借鉴"来的东西，打造出属于自己的爆款抖音内容。

3.2 立标杆、做细分：表达美好生活，引起用户共鸣

未来电商销售的增长点在哪里？这是所有的电商品牌都在思考的问题。

然而，这一问题似乎在最近得到了答案。电商小众品牌"古阿新"在抖音上开通购物车后，其销售额从每月20万飙升到每月100万；抖

音红人"七舅脑爷"在 2018 年"双 12"时，进行直播＋抖音购物车后，三天涨粉 100 万，创下了 1000 万的成交额。

窥一斑而知全豹，这些品牌电商靠抖音实现增粉卖货的消息一时间在业内不胫而走，几乎所有的品牌电商都在考虑利用抖音做内容或品牌营销，从而达到实现新增长的目的。

然而，思路是好的，行动起来却并不容易，很多品牌电商在抖音上试验几次后，发现不但粉丝没有增长，货也无人问津，于是他们又开始发出歇斯底里的呐喊："到底要做什么内容才能在抖音上实现'增粉又带货'的逆袭呢？"

商家的痛点也是抖音平台的首要解决的问题，好消息是，在 2019 年年初，抖音平台正式推出"好物联盟"，全面开放零粉丝购物车申请权限，这一权限的开通，意味着所有人都可以零基础玩转抖音带货，这无疑给品牌商一次从新手冲击卖货达人的机会。

虽然抖音平台做了最懂电商的平台，那么品牌商是不是最懂抖音呢？你知道如何利用抖音的"购物车"及"好物联盟"做好内容营销吗？

要弄懂抖音内容营销的技巧，玩转增粉又带货，我们首先要弄懂抖音做内容营销的商业逻辑是什么？

一、抖音 "好物联盟"，三招助你成卖货达人

对于抖音新开通的"好物联盟"，很多品牌商还一知半解，所以我们首先来看看其参与条件。

抖音的"好物联盟"相比其他平台，最大的亮点在于：零粉丝门槛开放购物车申请权限。这就意味着那些没有做过抖音内容营销的商家、店铺也可以自行运营，给了所有商家"一飞冲天"的机会（见图 3－2）。

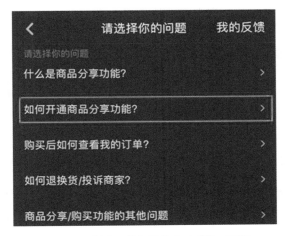

图 3-2 抖音 "商品分享功能" 示意

知道了"好物联盟"的申请权限，接下来，我们一起来看看它是如何助力品牌商从"解决方案"到"流量支持"，再到"内容运营指导"，成为"卖货达人"？

❶ 一步到位全面卖货推广方案

在如今的抖音上，品牌商想要通过一个特定的内容推广自己的商品，主要可以利用以下四个方法（见图 3-3）：

图 3-3 在抖音上推广商品的四个招数

这些办法以前品牌商要实现，必须通过积累粉丝和点赞才能获得，现在借助抖音上的"好物联盟"则可以一步到位。

"好物联盟"既缩短了积累粉丝的时间，又高效便捷。相信这一助力是让绝大多数品牌商兴奋的原因所在。

❷ 价值过亿的流量和资源红利

对于品牌商来说，不管在哪个平台卖货，流量都是王道。尤其对于一些刚起步的小白商家来说，其内容能被平台推荐是一件极其不容易的事。但在抖音平台上，如果你的内容能在"好物联盟"招募挑战赛中胜出，你就有机会获得平台专属的流量扶持，抖音不仅会推荐你的内容，还会给你最大的内容平台资源位。

价值过亿的流量和资源红利，相信对于任何商家都是一块垂涎欲滴的"肥肉"，其商业价值毋庸置疑。

❸ 线上线下专业的运营指导

早在几年前，网红卖货异常火热，但网红经济发展到现在，早已过了"一呼百应"的粗放时代，进入了专业化、精细化的营销时代。一些实力雄厚的品牌商选择在抖音上实施网红＋内容营销＋卖货的模式，然而从选品、内容创意到流量转化，无一不是令人头疼的事。

让人喜出望外的是，这一痛点如今在抖音上解决了。抖音的"好物联盟"真正实现了"三包"，如图3－4所示：

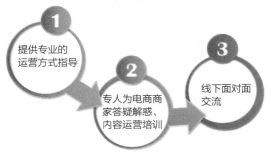

抖音上的"三包"指导：

1 提供专业的运营方式指导

2 专人为电商商家答疑解惑、内容运营培训

3 线下面对面交流

图3－4 抖音"好物联盟"的"三包"指导

抖音上的"三包"指导，既帮电商节省了试错成本，又能让电商快速成长为卖货"达人"。

二、抖音内容营销盘点

作为一种崭新的商业化模式，抖音内容营销具有不可比拟的独特优势，它能够持续性地打破内容与销售的边界，形成内容、社交与消费三者合一的局面。

抖音内容营销的独特优势已经成功俘获了众多内容创业者和品牌商的"芳心"，成为一种炙手可热的营销模式。通过抖音，品牌商开辟出了一条全新的内容变现之路，也迎来了新的商业增长点。

尤其是随着抖音购物车的开通和"抖音好物联盟"的出现，抖音内容营销更是被赋予了全新的意义，它除了能够为内容创作者和商家带来肉眼可见的商业价值外，也有效地拓宽了用户的视野，给予了内容创作者和商家更多关于寻找与布局新的商业增长点的全新启发。

那么，抖音内容营销究竟是如何发挥作用的呢？

下面，我将带领大家一起来盘点一下在抖音上利用内容推荐产品的具体策略。归纳起来，抖音内容营销策略主要可分为立标杆和做细分两大类。

❶ 立标杆：表达美好生活，引起用户共鸣

2018 年 7 月，通过短视频内容来表达产品的 24 小时"美好生活映像馆"横空出世，吸引了无数抖音用户和抖音"粉丝"的关注。

在第一季的@美好映像志中，抖音设立了"见证每一个美好时刻"这一表达美好生活的主题，并将目光锁定在了香奈儿 J12 腕表上。

下面，我们通过一组图片（见图 3 - 5），共同来回顾一下"美好生活映像馆"所记录下的还原了 12 段香奈儿 J12 人生、跨越了 12 个美好时刻的开创性展映。

如果说前面提到的第一季@美好映像志能够带给抖音用户"艺术生活化"感受的话，那么到了第二季，@美好映像志便试图带给用户不一样的时尚工艺和尖端科技感。

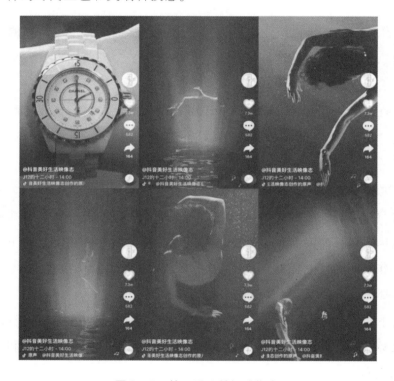

图3-5　第一季@美好映像志

在第二季中，@美好映像志将目光转向以瑞士高级制表工艺与尖端科技著称的"万宝龙智能腕表SUMMIT 2"上，其主题也相应地从"见证每一个美好时刻"变成了"科技生活化"，试图带领用户共同探索"智能好物"所带来的美好生活，并充分表达出年轻的90后、00后勇于探索、不停向前的积极生活态度。

在这一季中，@美好映像志共推出了六支由抖音和万宝龙共同创作的短视频。在这些短视频中，流量小生杨洋化身为阳光向上、对未来怀揣美好期许的追梦青年，在享受着前沿科技为生活带来便利的同时，也充分传递出了当代年轻人积极乐观的生活态度，成功引发了抖音用户的共鸣，让用户更好地认识并理解了万宝龙智能腕表SUMMIT2。

这一波操作，也成功让万宝龙智能腕表 SUMMIT 2 成为供不应求的"断货王"。

事实上，无论是第一季的香奈儿，还是第二季的万宝龙，都是具有代表性的精选好物。而@美好映像志通过运用艺术化和场景化的营销手段，打造出了与品牌高度契合的展映内容，充分引发了用户的共鸣，从而形成了抖音好物的标杆效应。

两季的@美好映像志都有一个共同的特征，那就是都试图通过推荐的好物，来营造一种积极向上的环境和氛围，促进对"美好生活"这一标签的解码落地，在用户和产品、用户和抖音之间，建立一种"美好生活"的关联。

❷ 做细分：通过"内容＋场景"的表达方式，让用户参与到美好生活中来

除了以上提到的立标杆外，2018 年，抖音的另一个动作便是做细分。简单来说，就是不断挖掘与每个人的生活息息相关的"吃喝玩乐购"各领域内的代表"好物"，并试图通过"内容＋场景"的表达方式，让更多的用户充分参与到美好的现实生活中来，而不再是单纯地抱着手机观看抖音短视频。

具体来说，抖音内容营销细分市场主要有以下几类：

1）以"中国抖有味"和"城市味道膘局"为代表的吃喝类

一直以来，"美食"都是抖音的一个重要吸睛元素，据统计，在抖音平台上，有超过70%的用户表示"喜爱美食"，而实际数据也证明，

不管是网红餐馆、潮饮，还是土特产、家乡味道，只要是与美食沾边的内容，往往都能受到更多的关注，引发全民参与的热潮。

基于此，以"美食"为亮点的抖音营销内容就成为许多内容创作者和商家的"新宠"。例如，王蓝莓、丛林之家、跑腿界的彭于晏、翔翔大作战、香喷喷的小烤鸡、锅盖wer、会唱饭的王小潮、李一檬EMOO这八位具有代表性的达人通过各种不同方式和多彩的风格为用户带来的"土味天团"创意视频，就成功让碧桂园策划组织的"守味家乡"公益计划中的食品被广大食客所接受。

除此之外，深受抖音用户喜爱的中国抖有味（见图3-6）和城市味道朦局也是其中的典型代表。

图3-6　"中国抖有味"引发用户共鸣

据抖音官方数据统计，"中国抖有味"一经推出，便迅速引发了用户的广泛关注，截至 2018 年 12 月 17 日，其推出的"鲜酸辣甜"四大话题共有 6.78 亿条，尤其是代表年轻人爱刺激的"守味家乡辣到飙泪"话题和寄托了美好生活情结的"守味家乡甜到心酥"话题，更是燃爆了抖音，引发了用户的热烈讨论。

2018 年 12 月 28 日，抖音"美食季"活动正式走向线下，其在广州打造的首个浸入体验式活动——城市味道膘局，便是其中的重要一环。

通过"城市味道膘局"这一潮流的互动活动，抖音用户深度参与到了线下的体验场景中来，而由此产生的美食 UGC 内容又被再次分享到了抖音，从而实现了线上线下的整体闭环。

2）以"FUN 肆趣旅　游抖一下"为代表的玩乐类

2018 年国庆前夕，由抖音和携程旅行共同推出的创意 H5《FUN 游新物种》在一夜之间刷爆朋友圈，上线仅仅 3 小时，页面 UV（独立访客）便超过了 100 万，由此也正式拉开了"FUN 肆趣旅　游抖一下"专属旅游季主题活动的序幕。

据"抖音广告助手"官方账号发布的数据显示，活动在整个十一黄金周期间，累积粉丝高达 11.7 万，头部达人参与制作的内容累计播放 44.7 亿次，视频转发频次超过 160 万次，总点赞数超过 1.05 亿次……

3）以"七舅脑爷"和"古阿新"为代表的购物类

关于购物类，在上面的内容中，我已经详细地讲过，这里对它的商业价值不再赘述。下面，我们通过前面提到的两个典型的案例来分析一下他们的内容营销技巧。

【成功案例一：抖音直播吸引 33 万人参与，"七舅脑爷"
借助抖音完成 1000 万成交额】

作为头部情感类 IP，"七舅脑爷"凭借原创的趣味情感短视频共收获了 3000 万粉丝。2018 年"双 12"期间，"七舅脑爷"开通了抖音购物车并首次尝试了抖音直播。而这场持续了整整 6 小时、同时在线人数超过 33 万的直播，也帮助"七舅脑爷"成功完成了超过 1000 万的成交额。

对于这次成功的抖音内容营销试水，"七舅脑爷"团队总结道："内容消费转化第一，流量第二。而转化率一看选品匹配度，二看商品特性，三看销售话术。选品要分析粉丝画像；商品性价比，要看团队的谈判能力；另外，抖音不同于淘宝的卖货场景，整体的内容规划、达人话术也很重要。"

【成功案例二：拥有 60 万抖音粉丝的国风男装店"古阿新"，
实现月流水 100 万】

"古阿新"是苗族青年杨春林的苗族名字，也是其经营的古风男装店名（如图 3 - 7 所示）。2018 年 7 月，本着助推淘宝店交易的目的，"古阿新"开通了抖音购物车功能。而这一举动，也帮助他实现了2018 年"双 12"交易额增长了 170% 的销售神话。

不仅如此，"双 12"过去后的一周，"古阿新"国风男装店的销售额依然呈现出了持续增长的状态，店铺日均销售额超过 6 万，比之前翻了五六倍。

目前，"古阿新"国风男装店的所有商品基本都能直接添加到抖音购物车之中，其店铺月流水高达 100 万左右。

图 3-7　"古阿新"抖音主页及商品橱窗

在谈到抖音购物车的时候，"古阿新"国风男装店店主杨春林表示："目前抖音粉丝到淘宝的转化率为10%，淘宝店里60%～70%的销量来自抖音。我们淘宝国风男装区排名，现在越来越靠前。"

总结"做细分"的技巧，主要有以下四点（见图3-8）：

图 3-8　抖音"做细分"的四大技巧

通过"立标杆、做细分",品牌商正通过抖音一步步将愿景照进现实，发现美好、贩卖美好，这是抖音带给电商最大的价值。

三、抖音内容营销全链路

事实上，不管在抖音进行什么样形式的内容营销，其本质都是"好产品＋好内容"，利用好内容激发用户购买好商品，从而分享好物，形成疯传效应，这便是一个电商品牌进行内容营销的全链路，如图3－9所示。

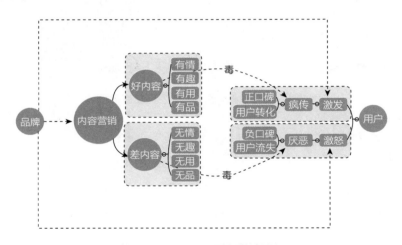

图3-9　内容营销的全链路

通过上图"内容营销的全链路"，我们可以清晰地看到：在抖音上，我们可以通过短视频、直播等内容形式，通过"有趣、有用、有情"的内容创意，实现内容营销。那么，未来，在抖音内容营销的全链路上，电商有什么需要注意或者提前规划的呢？

在这里，我们大胆畅想一下抖音未来内容运营的趋势，以帮助电商做好内容运营规划。

❶ 趋势一： "好商品＋好内容" 是最靠谱的组合方案

预计从 2019 年开始，会有更多的品牌商、品牌进驻抖音，电商需要注意的是，在生产内容时，如果内容与品牌关联时单纯地变成 "说明书" 式，那么将很难打动用户，也难以实现销售增长的逆袭，所以，对于未来想在抖音上做内容运营的电商来说，"好商品＋好内容" 是最靠谱的组合方案。

❷ 趋势二： KOL （意见领袖） 成为抖音内容全链路中重要的影响者

对于内容运营来说，我们一般把 KOL 分为两种：一种是舆论导向型意见领袖；一种是销售导向型意见领袖。如图 3 – 10 所示。

图 3 –10　KOL 在抖音内容全链路中的作用

在抖音内容运营的全链路的不同阶段，KOL 将会扮演不同的角色，引导用户，刺激消费转化。比如前面所说的 "七舅脑爷"，就是通过 KOL 的作用，完成销售转化。

不管怎么说，抖音的内容运营，重点在于内容的创意与策划上，"营" 只是转化过程，"销" 才是结果。作为电商，我们一定需要明确的一个观点是：用户的需求本质没有改变，改变的是用户的认知——消费升级，人们需要好商品；改变的是工具——社交工具、沟通媒介一直在发生变化。

所以，在用户不变的本质需求下，用适合的工具——抖音，创作吸引用户的内容，引导用户的消费转化，如此循环，也就造就了一个个电商品牌。

3.3 代入法：品牌做抖音的不二选择

在制作抖音视频的过程中，许多人或许会有这样的感受：天天换模板、换外景、换机位、换剪辑，感觉很麻烦，耗费的时间和精力也很多。

那么，有没有一种实际可行的办法，既能免去麻烦，又能保证内容的吸引力呢？答案是有，这种"偷懒"方法便是换汤不换药的代入法。

一、什么是代入法

所谓的代入法，其实很简单，就是把一些常见的生活场景，比如卖车、卖房、旅游景区、办公室等，浓缩成一个"15秒竖屏视频"。

下面，我们就通过一个成功案例详细地来了解究竟什么是代入法。

【成功案例：通过展示固定的办公室场景，成功吸粉 1.3 万】

我有一个朋友刚刚玩抖音不久，她的抖音账号定位是"办公室白领"，所以在实际的抖音制作中，她就采取了典型的"代入法"手法：将焦点聚焦在自己的办公室里，通过拍摄一些日常的办公场景，来展现办公室白领的真实生活，并成功收获了 1.3 万粉丝。其中的一个简单的办公桌展示视频，竟然就收获了六百多万的播放量，如图 3-11 所示。

图 3-11　抖音 "代入法" 案例

从这个案例中可以看出，采用代入法制作抖音内容最大的优势便在于简单方便，可以说，这种方法是 "低成本打造高流量内容" 的典型代表。

二、 "代入法" 的实操方法

那么，这种方法究竟应该如何操作呢？所谓的 "代入法"，就是指将一些场景浓缩在一个 "15 秒竖屏" 里，然后在这个固定的场景里去进行抖音内容的创作。更通俗易懂地讲，就是将一个固定不变的场景当作一个"画框"，然后根据需要，在这个"画框"里填充内容，不断代入各种元素，实现创意的轻松复制。

那么下面，我将以卖车和卖房两个场景为例，为大家详细介绍"代入法"的操作方法。

❶ 实操案例1：卖车

首先，我们将场景固定为4S店，当场景固定后，接下来我们要思考的就是在这个固定的场景内，我们可以策划出哪些好玩的、有趣的或者引人注意的内容。

经过思考过后，我们可以提炼出一些与卖车和4S店相关的内容：街头发传单、电话邀约顾客、到店接待、询问讲解、试乘试驾、价格谈判、卖保险、成交签约、交车仪式、保养维修、车辆急救等。那么这些内容，就是我们可以填充在4S店这一固定场景内的视频内容。

需要注意的是，上述我们所提炼出的内容基本都是在卖车的过程中最常出现的内容。如果我们直接进行拍摄，而不经过加工策划的话，那么拍摄出来的抖音视频就会显得很平淡，没有吸引力，所以在这里就涉及"代入法"很重要的一个步骤：创意策划，给平淡的内容加入不平淡的"佐料"。

比如，简单的发传单内容可以策划为花式发传单；

电话邀约顾客可以策划为顾客的花式拒绝或顾问的花式邀约；

到店接待可以策划为新来的小姐姐这样接待客人；

询问讲解可以策划为难缠顾客的搞笑提问；

价格谈判可以策划为顾客这样砍价；去4S店如何有效砍价；当你砍价的时候，销售顾问心里在想什么等；

交车仪式可以策划为交车的仪式感……

总之，将平常的卖车环节可能会出现的画面经过一些简单的"包装"拍摄出来，就能够很好吸引用户关注。创意是无限的，所以，只要你留心观察、认真策划，那么，采用这种代入法，你的拍摄素材就是无穷无尽的。

❷ 实操案例 2：卖房

和上述的卖车一样，在使用"代入法"拍摄卖房场景时，我们首先可以将场景固定为顾客看房，然后再在售楼部这个"画框"中去填充内容，这个内容就可以涵盖顾客看房过程中可能会发生的所有步骤，比如：看广告、来电询问、进店询问、预约房东、现场看房等。

在对这些内容进行拍摄的时候，再加入适当的创意。以"预约房东"这一环节为例，我们就可以策划为"房东奇葩见面会"。

通过对以上两个案例进行分析，我们就可以进一步总结得出"代入法"的操作要点（如图 3 - 12 所示）：

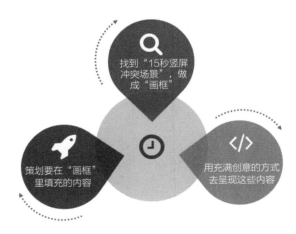

图 3 - 12   "代入法" 的三大操作要点

3.4 模仿＋四维还原：瞬间找到"抖音感"

有人曾这样评价抖音："模仿是抖音的灵魂"。熟悉抖音的人知道，在抖音平台上，很多的运营者都是依靠"模仿"起家的。当某个短视频在抖音上爆火后，随之而来的模仿视频也会铺天盖地。

说到这里，你不妨先仔细回想一下你自己的短视频运营过程，你是否也曾有过跟风、模仿的经历呢？

我相信大多数人的回答都是肯定的。这也从另一个侧面说明了在运营抖音的过程中，模仿这种能瞬间找到"抖音感"的内容创作方法是被运用最广泛的一种方法。

那么，在本节的内容中，我将和大家一起来详细地聊一聊模仿这种经典实用的抖音内容创造法。

一、模仿的类型和作用

模仿是所有创新的基础。对于运营抖音而言，当我们还没有完全形成自己风格的时候，学会模仿甚至通过模仿的方式创造出比原创更有创意、更搞笑的抖音短视频是一种能帮助我们快速引流、成功吸粉的绝佳方式。

在抖音上，很多的热门视频都是通过模仿完成的。当一个视频爆火以后，它就会被广泛地模仿。比如，"地铁杆抓手"和"海草舞"就是在抖音上被广泛模仿的两个经典视频（见图 3 - 13），并且，通过对这两个视频的模仿，许多的抖音运营者都成功吸引了大批流量。

图 3 - 13　地铁抓手模仿作品截图

通过对抖音上那些模仿度较高的短视频以及通过模仿而一夜爆红的抖音账号进行研究，我总结归纳出来在抖音上最常见的两种模仿形式：随机模仿和系统模仿。

❶ 随机模仿

所谓的随机模仿，就是指看到什么模仿什么、什么视频火就模仿什么。这种模仿方式也是在抖音上被使用最广泛的。比如抖音上流行的"卡通熊发传单""小黄鸭"等视频，采用的就是这种模仿方式。

❷ 系统模仿

而所谓的系统模仿，就是指找到对标的账号或知名 IP，进行长期地跟踪模仿。具体来说，就是对某个对标的账号或 IP 的经典桥段和常用套路进行分析，然后将这些桥段或套路换成自己的风格，进行模仿拍摄。

当然，不同的模仿方式所带来的模仿效果和产生的影响也各不相同。但不管是那种模仿方式，都能够对我们的抖音运营产生巨大的帮助。

归纳起来，模仿主要具有以下两大优势：一是可以让我们快速融入平台中来，很快找到创意的方向，直接模仿就有源源不断的内容；第二个优势是方便植入，模仿是对别人内容的再造，我们在制造的过程中可以植入新的场景，一样能获得粉丝的关注。

二、模仿的高级模式：四维还原法

以上我们介绍了模仿的类型和分类。在实际的抖音运营过程中，许多人可能还会有这样的诉求：不愿意简单地模仿别人，而想通过模仿去创造出属于自己的特色。

对于这种诉求，我是持支持态度的。在我看来，简单的模仿只是一种短期内的跟风，要想做出真正的爆款，还是得做出自己的特色。问题是，我们怎样才能做到在模仿别人的同时，还兼顾自己的特色呢？

接下来，我就将为大家介绍一种更高级的模仿模式：四维还原法。相信只要掌握了这种方法，那么，你就能真正做到摆脱单纯地皮毛式模仿，抓住创意制作的精髓，做出更具有个人特色，更能够引流吸粉的视频。

所谓的四维还原法，就是指对别人的爆款视频进行深度剖析，除了模仿它们的形式，还要重点模仿它们背后的爆款逻辑，然后从中去寻找创作类似视频的灵感，打造出属于自己的、带有个人特色的抖音视频。

归纳起来，四维还原法的具体操作可以分为四个步骤来进行，如图 3 – 14 所示。

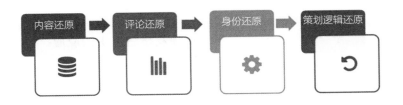

图 3-14　四维还原的操作步骤

下面，我将以模仿大家都很熟悉的、第一批网红中的中流砥柱"杜子建"所拍摄的抖音视频《第一个让你孩子抬不起头来的是谁》为例，为大家详细讲解四维还原法的具体操作方法。

❶ 第一步：内容还原，用文字把整个视频内容描述一遍

在这个步骤中，我们分别从标题、画面、背景和台词四个角度去还原画面。

标题：第一个让你孩子抬不起头来的是谁？

音乐：杜子建原创声音，以同期声为主，没有过多的煽情背景音乐。

画面：以本人为主体，拍摄时采用标准人像镜头，半身入像，以坐姿面对镜头，穿黑色毛衣；背景为书柜，色调单一，微微虚化；镜头中的杜子建表情严肃，肢体语言以点头、眨眼为主，说话时语气强烈，有种专业气质。

台词：孩子要鼓励教育，要积极培育，一定是赏识教育，赏识成长。父母都不赏识他，每一天都侮辱他、羞辱他，恨不得让自己的孩子每天都低头过日子。第一个让孩子抬不起头来的一定是父母！

用四维还原法，我们列举了这个爆款视频的核心元素，发现杜子建的台词设计是完全和主题相呼应的，而且在演绎台词的方式上也刻

意选择和形象搭配，这些都是他的创意点。

❷ 第二步： 评论还原， 弄清视频发布后产生的反应

我们可以看到，当这条短视频发布后，共计收到了超过 5 万条的回复，那么，在这五万多条的评论中，我们再节选一些具有代表性的评论认真研究，如图 3-15 所示。

图 3-15 《第一个让你孩子抬不起头来的是谁》
抖音视频的评论节选

通过对这些评论的研究，我们大致可以得出这样的结论：

1）参与回复的绝大多数用户都是青少年；

2）这些青少年最大的愿望，就是希望父母能够看到这个视频。

❸ 第三步： 身份还原， 弄清楚哪些用户关心这个短视频以及他们为什么关心

对那些认真观看了短视频并通过点赞、回复的方式对短视频表现出了极大兴趣的用户身份进行反查，弄清楚他们究竟是谁、为什么关心这个视频，如图 3 – 16 所示。

图 3 –16　《第一个让你孩子抬不起头来的是谁》
抖音视频的关注用户

通过这个步骤，我们大致可以得出这样的结论：对这个视频感兴趣的大部分都是一些正处于青春期的年轻用户。而这些用户，才是杜子建老师真正的目标受众。

❹ 第四步：策划逻辑还原，理清视频的策划思路

完成前三个步骤后，最关键第四步就来了。这一步的主要任务是还原视频的策划逻辑。之所以强调这一步是最关键的一步，是因为在通过四维还原的方式打造抖音短视频内容的时候，我们需要模仿的，其实就是这种策划逻辑。

那么，《第一个让你孩子抬不起头来的是谁》的策划逻辑究竟是怎样的呢？我们不妨一起来梳理一下。

在这个视频中，很明显杜子建是采用了对"父母"说话的口吻，替那些正处于青春期的孩子们说出内心想说而又不敢说的话。换言之，杜子建在这里实际使用了一种表面朝着父母说，实际朝着孩子说的方式，打造了一枚适合由孩子送给父母的"社交货币"。也正是有了这枚"社交货币"的存在，这条视频在播出后，才得到了这么火爆的反应。

完成以上四步后，一个完整的思维还原过程就结束了。而通过运用四维还原法所学到的内容策划逻辑，我们就可以批量制造出无数个同样逻辑的、具有自身特色爆款视频内容。

3.5　Vlog 内容法：抖音下一个内容风口

近两年，Vlog 在全球范围内迅速走红，许多的 Vlogger，也就是在社交平台上分享视频的博主也逐渐走进了大众的视野，比如 Casey

Neistat、Peter McKinnon 等。尽管目前在国内 Vlog 还属于一个比较新颖的概念，但显而易见的是这种集文字、图像、音频于一体的内容形式正逐渐成为视频市场中的主流。

或许正是看到了 Vlog 未来可期的发展前景以及人格化内容的价值，2019 年 4 月，同样以短视频著称的抖音宣布全面放开"1 分钟视频"发布权，并上线了"Vlog 10 亿流量扶持计划"，鼓励用户进行 Vlog 创作。由此，抖音正式进入了 Vlog 运营时代。

那么，究竟什么是 Vlog 呢？它为何能激起抖音用户的创作、互动和传播热情呢？它会成为抖音下一个内容风口吗？

阅读本节内容，或许你会找到答案。

一、什么是 Vlog

Vlog 又被称为视频博客或视频日记，其全称是 video weblog 或 video blog，它是一种以影片的方式取代了传统图文模式的内容形式，主要功能是记录日常生活。

从本质上来说，Vlog 其实也是一种短视频创作，只不过和传统的短视频相比，它所拍摄的内容更加接近现实。通常，Vlog 博主会亲自出现在镜头前，并且镜头里通常都没有非常炫目的画面，而只有镜头下的真实博主和真实环境。在视频拍摄完毕之后，Vlog 博主还可以根据实际需要进行后期剪辑，加上符合的音乐、文字和图片。

Vlog 最早起源于 YouTube，其最早的创作者是国外的网络红人 Casey Neistat，他曾连续两年坚持更新 Vlog，在他的 YouTube 主页，每个视频都有 50 万至 100 万的浏览量，并且拥有 1000 多万的订阅者。

而在国内，真正将 Vlog 这股风潮带起的是明星欧阳娜娜。2018 年，18 岁的欧阳娜娜重返校园，她用 Vlog 记录了自己作为普通大学生的日常生活：熬夜赶论文、与家人和朋友聚会、逛街，甚至录制节目和拍摄杂志的幕后花絮内容等。这些记录了许多平凡瞬间的 Vlog 让大家认识了私底下更为真实俏皮的欧阳娜娜，也彻底捧红了 Vlog 本身。

二、Vlog 的优势

目前，抖音关于 Vlog 最火的两个话题分别是"Vlog 日常"和"Vlog"，这两个话题的阅读量已经突破 22 亿，其中，参与讨论的人数已经突破 6 万余人。这一组数据也直观地反映出了一个重要的事实：如今，抖音 Vlog 已经逐渐撕掉了两年前的"小众"标签，并逐渐成为了抖音的热门话题和年轻人记录生活的主要方式。未来，这种新颖而接地气的视频形式还将迎来更广阔的发展空间，被更多的人接受和喜欢。

说到这里，可能有人又会产生出这样的疑问：为什么精细加工制作的视频不再受人们欢迎，反而平凡的生活记录更讨人欢心呢？换言之，相比于其他图文形式和短视频形式，Vlog 究竟具有哪些优势呢？

归纳起来，主要有以下几点。

❶ 表达方式更真实

Vlog 强调的是把生活中最自然、最真实的一面呈现给大家，所以比起其他的内容视频，Vlog 的拍摄内容通常都是一些最平常、最真实的生活场景和生活片段，表达方式更淳朴、更平易近人，也更容易引发共鸣。

❷ 内容生动精彩

一支受欢迎的 Vlog 视频截取的往往都是生活中最精彩的片段，不同于其他的内容视频，Vlog 的内容呈现往往更加丰富多彩，其独特的转场式拍摄法可以让观众融入不一样的生活场景，再搭配上个性的文字和音乐，一支美好而真实的视频内容就能迅速抓住粉丝眼球，产生热烈反响了。

❸ 能满足人们寻求陪伴和社交需求

记录型的内容一般都会兼具陪伴的功能，比如：吃秀、直播等等，Vlog 也一样。如今，随着生活压力的逐渐增加，许多人在现实的生活中或多或少都会有苦闷、孤独、迷茫和不安的情绪，而互联网所带来的交互性能够帮助他们利用网络寻找同类，满足他们的陪伴和社交需求，从而帮助他们排解内心的负面情绪。

再回到 Vlog 本身，通常，Vlog 创作者会与粉丝保持较近的距离，而 Vlog 创作者展现给粉丝的琐碎生活场景和生活感悟也能进一步拉近彼此的距离，增强彼此的交流感，使粉丝产生感同身受的感觉。这对于粉丝而言，无疑是一种最好的陪伴和放松。

❹ 能帮助人们重新找回生活的仪式感

什么是仪式感？简单来说，仪式感就是指人们对待生活的一种积极乐观的态度。如今，我们生活在一个生活节奏越来越快、压力越来越大的社会，在现实的世界中，有无数人在高压和快节奏的生活状态中变得焦躁不安，对这些人而言，充满仪式感的生活已变成一种奢望。

而 Vlog 的出现，刚好能够弥补大多人的这种生活仪式感的缺憾，让人们重新认识并寻找到一种不一样的生活状态和生活乐趣。

比如，抖音上的短视频创作者李子柒，她每日过着"采菊东篱下，悠然见南山"的恬淡生活，并将这种生活用视频的形式记录了下来。对于那些在车水马龙的城市辛苦打拼的人而言，当在忙碌的工作之余看到了李子柒与自己截然不同的田园生活视频后，也会在无形之中产生一种轻松感，找到一种情感上的共鸣，从而得到片刻的休憩，重新找回对生活的信心和美好向往。

三、Vlog 的四种类型

在现实生活中，Vlog 博主们一般会在自己的 Vlog 中展示哪些内容呢？归纳起来，目前比较风靡的 Vlog 类型主要有以下四类（图3-17）。

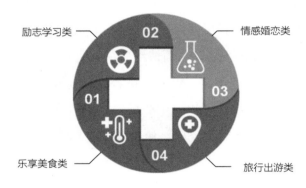

图3-17　Vlog 的四种类型

❶ 励志学习类

前面提到过，抖音的用户大多都是年轻人，他们对学习、考证等可以提升自己的内容往往非常感兴趣，并且也希望能够通过抖音寻找到和自己一样正为了未来而努力拼搏的"同盟者"，见证彼此为梦想打拼、为生活奋斗的时光。也正是基于此，励志学习类 Vlog 才风靡一时。

学习类的 Vlog 内容可以记录自己的学习进程，或者把自己学习时的样子及学习的工具展示给粉丝，强调期待和他们一起完成梦想。这类 Vlog 最大的特点就是许多人在拍摄视频画面时都喜欢用"你有过这样艰难的岁月吗"之类励志的话作为标题或旁白音，为自己加油打气。

❷ 情感婚恋类

情感与婚恋也是人们普遍都很关注的话题。因此，情感婚恋类的 Vlog 一般都很受欢迎，尤其是受女性用户的欢迎。这类 Vlog 的点赞量也通常会比一般 Vlog 更高。

情感婚恋类的 Vlog 可拍摄的内容有很多，无论是男孩向女孩的表白，还是失恋后的黯然神伤，无论是情侣间的日常互动，还是领结婚证、办婚礼这样的终身大事，当用 Vlog 的形式呈现出来后，通常都能得到大批粉丝的点赞和祝福。

❸ 乐享美食类

正所谓"民以食为天"，美食 Vlog 之所以受到大众的广泛关注，就是因为美食是最贴近日常生活的。在制作美食 Vlog 的时候，不管你的目的是为了展示自己的厨艺，还是单纯地为了吸引更多粉丝，只要你的 Vlog 够精彩，那么，你一般都能收到很多粉丝的点赞。

在抖音上有一个很火的抖音用户"美食作家王刚"，他的抖音 Vlog 就是以做饭为主题的。在 Vlog 中，他会用最真实的镜头向粉丝展示自己做菜的过程，拍出来的视频画面也很接地气，所以，他的每条 Vlog 都有不错的观看量和点赞量，同时也在抖音上收获了大批死忠粉。

❹ 旅行出游类

最受年轻人欢迎的 Vlog 类型非旅行类 Vlog 莫属了。试问哪个年轻人没有仗剑走天涯的梦想呢？但迫于学业、事业或家庭的压力，很多人都没有游历天下的决心和机会。尽管如此，他们内心依然对外面的世界充满着向往。因此，旅行类抖音 Vlog 视频必然会受到广泛的关注。

四、如何做出有价值的抖音 Vlog 内容

以上为大家归纳了目前在抖音上最为风靡的四大 Vlog 类型。可以肯定的是，未来，随着 5G 时代的到来和移动设备的不断升级，以及 95 后和 00 后消费群体的逐渐扩大，短视频也将面临内容消费的全面升级，而 Vlog 这种贴近生活的视频呈现形式将有望成为新的抖音内容风口。

那么，作为普通的抖音运营者，我们如何才能搭上抖音 Vlog 的流量快车，制作出更精致、更具有价值的 Vlog 内容呢？需要注意的是，抖音 Vlog 的内容虽然接地气，制作过程看起来也并不复杂，但要做好、做精却绝不是轻而易举的事情。在这个过程中，做到以下两点十分重要。

❶ 协调好内容和时长

把握好"慢内容"与"快时长"之间的平衡是制作出高质量抖音 Vlog 的关键。要知道，1 分钟的抖音 Vlog 绝不是五分钟视频的加速版本，而应该是有情节、有节奏、有感染力的完整版本。

❷ 掌握好录制节奏

凡是有过 Vlog 制作经验的人都知道，录制 Vlog 时每隔 2～3 秒就得切换镜头，不然视频内容就会显得单调乏味。因此，为了让粉丝能够在短短 1 分钟的 Vlog 中看到足够多的内容，就要求我们在制作 Vlog 的时候必须多搜集内容素材并掌握好录制节奏。

虽然目前 Vlog 短视频大行其道，规模也日益壮大，但很多 Vlog 视频的质量和创新度还有待提高。Vlog 的崛起对抖音运营者而言是一项不小的挑战，更是一个新机遇。

第 4 章

精品推荐池：三天将冷门产品推成爆款

抖音算法的逻辑是什么？ 如何才能获得抖音系统的推荐？ 如何才能"红袍"加身，跻身精选视频行列？ 在运营抖音的过程中，如果你能弄清这些问题，那么，你就掌握了获得精品流量池推荐的秘诀，拥有了三天将冷门产品推成爆款的能力。

4.1　抖音算法揭秘：爆款产品背后的逻辑

如何利用抖音以最快的速度将一款冷门产品变成爆款呢？只要掌握了技巧，用对了方法，弄透了抖音背后的算法逻辑，那么，实现从"冷门产品"到"爆款产品"的梦想就会变得轻而易举。

我们都知道，算法是所有平台必不可少的评判机制，任何一款热门的产品，比如百度、微信、今日头条等，其背后都一定有自己的独特算法。那么在本节的内容中，我就将为大家揭开抖音推送算法机制的神秘面纱，共同来探讨一下爆款产品背后的逻辑。

一、何为抖音算法

简单来说，抖音算法就是抖音的评判机制，它对抖音平台的所有用户都有效，无论是拍视频的抖音内容生产者还是看视频的抖音内容消费者。当然，在大多数情况下，抖音用户都具有双重身份，即既是抖音内容生产者，又是抖音内容消费者。

通常，我们在抖音上的每一个操作都像一条明确的指令，抖音平台会按照这些指令来对我们进行判断，让后将我们归入优质用户、沉默用户、可挽回用户或流失用户中的某一类。

此外，抖音平台还会对我们的抖音账号进行审查，判断其是否存在违规操作、违规营销等。对于那些优质的账号，抖音平台一般会给予一定的扶持；而对于那些有违规操作行为的账号，抖音平台则会做出"关小黑屋"的惩罚。

从某种程度来说，抖音之所以能够迅速爆红，吸引一大批忠实抖粉，其独特的算法机制是功不可没的。归纳起来，抖音算法机制的重要性主要体现在以下三方面（如图 4 - 1 所示）：

图 4 - 1　抖音算法机制的重要作用

❶ 有助于平台形成可循环的良性生态

抖音算法机制的最大作用是能够帮助平台形成可循环的良性生态。一方面，它能够对抖音平台上的用户数据进行妥善的管理；另一方面，它也能够根据用户的爱好进行有针对性的内容推送，以提高用户体验，帮助平台留住并吸引更多用户，并最终使平台实现生产者即消费者，消费者即生产者的可循环的运行模式。

❷ 有助于抖音内容生产者吸粉

作为拍摄抖音视频的内容生产者，如果想利用抖音视频吸引到更多粉丝，就必须了解抖音规则。就像朋友过生日时，你只有提前了解了朋友的喜恶后，才能送出让对方最满意的礼物。

这样，我们在拍摄抖音视频的时候就能有的放矢地根据抖音推荐机制去设计视频拍摄内容，从而引导抖音平台将我们归于优质用户，为我们提供更多权限和推荐机会。

❸ 有助于内容消费者找到自己感兴趣的内容

在现实的生活中，你是否也会有这样的感受，当你打开抖音、淘宝、今日头条等 App 的时候，你会发现在这些 App 的首页所现实的内容，大多都是你自己比较感兴趣的。

为什么会出现这种情况呢？原因其实很简单，因为当你平时在使用这些 App 的时候，平台会根据你的搜索内容或观看内容去判断你的喜好，并记住你的喜好。下次，当你再次打开 App 的时候，平台就会根据你的喜好去为你推荐最合你胃口的内容，目的就是为了更好地留住你。

再回到抖音本身上，当我们在刷抖音的时候，抖音平台就会利用自身的算法机制推测出我们感兴趣的内容，并在第一时间内为我们匹配到我们想要的内容。

二、抖音算法背后的逻辑是什么

抖音的规则就是去中心化，它的独特之处就在于它并没有和许多直播平台一样，只把流量分给重量级的主播，而是采用了公平机制，对流量进行了分配，让每个人都有机会一夜爆红。

那么，抖音是如何把流量分配下去的呢？我们不妨一起来梳理一下。

当你上传了一个抖音视频后，抖音平台会给你提供一个初始流量。然后，抖音平台又会根据你所上传的视频的评论率、点赞率、转发率和完播率四大指标来衡量该视频的受欢迎程度。在这个过程中，如果你所上传的抖音短视频的四大指标都达到了一定的标准，那么，抖音平台就会帮你进行二次传播；反之，如果则四大指标都不达标，那么，你的抖音视频就会失去二次传播的机会。

而在二次传播的过程中，如果你上传的视频依然反响热烈，那么，平台就会再次给你推荐更多流量。反之，如果你上传的视频反响平平，那么，平台就不会再给你流量。

可以说，在玩转抖音的过程中，平台推荐是非常重要的，如果你的抖音视频失去了平台推荐的机会，那么，它就失去了被更多人看到的爆火机会。

在抖音平台的流量分配过程中，抖音采用的是机器审核＋人工审核的双审核机制，其算法背后的逻辑其实很简单，概括起来就是智能分发＋叠加推荐＋热度加权。

❶ 智能分发

去中心化是抖音平台的最大特点，这也就意味着在抖音平台，任何一个抖音账号都有蹿红的可能，而决定着你的抖音账号是否能爆红的唯一标准就是你所制作的视频内容是否受欢迎。

通常，当我们发布完抖音视频后，平台首先会对我们所发布的内容进行审核，以防止视频出现违规情况。当我们上传的抖音视频通过了平台的审核后，平台立马就会根据我们账号的权重给予一定的初始推荐流量。一般来说，初始推荐会优先分发给附近的人和关注我们的粉丝，然后才是配合用户标签与内容标签进行智能分发。

❷ 叠加推荐

当平台给我们的抖音视频提供了初始流量后，它也会根据该视频的综合权重来分析我们的视频内容是否受关注。其中，综合权重的关键因素分别为评论量、转发量、点赞量和完播率，且遵循"完播率 > 点赞量 > 评论量 > 转发量"的权重原则。

在这个过程中，如果平台判断出我们的视频内容关注度高，那么，它就会把我们的抖音视频推荐给更多人，反之则不会为我们推荐。

通常，当平台在对抖音作品进行第一次推荐时，会按账号的权重不同分给其 200 到 500 的流量，倘若被推荐的作品反馈成绩不错，那么平台就会对该作品进行二次推荐。

在进行第二次推荐时，抖音平台一般会分给抖音作品 1000 到 5000 左右的流量，如果第二次反馈依旧不错，那么平台就会继续分配给其几万或几十万的更大流量，并以此递进。在这个过程中，如果抖音作品一直都保持着较好的反馈成绩，那么，平台就会以大数据算法结合人工审核的机制判断该视频能否登上热门。

一般来说，如果一个抖音视频在发布的一小时内达到了五千以上的播放量，且点赞量高于 100、评论量超出 10 个，那么，它就将得到下一级推荐机会。

在运营抖音的过程中，许多人可能还会有这样的疑问：为什么我发表的视频一直反响平平，就因为其中一条视频反馈不错，就忽然变火了呢？

这是因为，抖音有时候会"挖坟"。所谓的"挖坟"，就是指你以前发表的视频一直鲜有人看，但忽然有一条视频得到很多用户的关注，平台就会认为你的视频是受用户欢迎的，便会把你以前的视频推荐给更多的人，同时对你视频感兴趣的用户还会去你的主页探索更多视频，如果发现其他视频也很有看点，这就带动了你视频的点击量。

需要注意的是，就算你前期视频都很受用户欢迎，点赞量也可观，但只要有一条视频违规，那么你的账号就有被封号或降权的危险。

这也就告诉了我们，在运营抖音的过程中，永远不要因为视频受欢迎而放松警惕，维护好自己的账号才是最明智的做法。

❸ 热度加权

经过大量用户的点赞及热度的加持后，视频才能正式加入抖音推荐的内容池，得到上百万人的流量。流量池分为低级流量池、中级流量池和高级流量池，不同的账号所划分的流量池也不同，简单来说，你发布的视频内容越受欢迎，平台分配给你的流量池级别就越高。

一般来说，平台会根据你账号的前五个作品决定你所在的流量池，这也直接关系到你的账号是否能获得成功。

需要明白的是，一个视频的热度不会永远存在，如果你发布的视频播放量不超过 100，那么平台会默认你的抖音号已废，从此不再给你推荐；如果你发布的视频播放量在 300 左右，平台会将你的视频推荐到低级流量池内；如果你视频的播放量在一个月内都未超过 300，平台将会把你的抖音号列为"僵尸号"；如果你的视频播放量超过 1000，恭喜你，你已经是热门账号，抖音将把你的视频列入高级流量池。

所以，稳定的内容更新机制和连续不断的爆款能力对于抖音运营而言也是至关重要的。

4.2 冷启动流量池曝光：获得推荐的五大技巧

对于许多抖音运营者而言，从这个巨大的风口中获得利益才是关键。问题是，究竟怎样做才能更好更快地实现通过抖音赚钱的目的呢？

一个实际可行的办法就是得到系统的推荐，上热门。

不过，抖音的进入门槛虽然低，但要真正做到玩转抖音、获得系统推荐、冲上热门却绝非易事。在探讨获得平台推荐的方法之前，我们先一起来了解一下抖音短视频之所以没有获得推荐的原因，如图4-2所示：

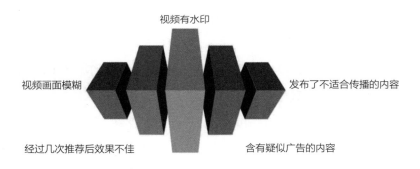

图4-2　抖音不获推荐的五大原因

在实际的抖音运营中，如果你想启动抖音视频的流量池，获得抖音系统的推荐，实现爆红，那么，你首先就必须对照以上五点做好自查。当然，即便这五大禁区你都没有侵犯，也不意味着你的抖音视频就一定会获得推荐。而要想真正达成目标、玩好抖音，你还需要努力掌握获得推荐的五大技巧。

一、优化账号运营

在实际运营抖音的过程中，要想提高账号权重、成为流量高地，就必须遵循抖音算法逻辑，优化账号运营。

具体来说，要做到以下五点。

❶ 调整发布时间

有相关数据显示：约 62% 的抖音用户会在饭前或睡前玩抖音，而在上班或午休等碎片时间段内玩抖音的人仅占 10.9%。

而每个用户玩抖音的时间也不同，对于上班族来说，中午和下班后才会抽出时间刷抖音。而工作太忙的人则会选择周五或周末的时间刷抖音。所以作为抖音运营者，如果你发布视频的时间能贴合普通用户的作息时间，那么，你获得关注的概率就会更高。

说到这里，可能有人会问，究竟什么时候发布抖音，才是最佳的选择呢？

关于这个问题，并没有标准答案，我能给出的参考是最好在工作日中午 12 点，18 点以及 21 点~22 点，或者周五的晚上以及周末，因为在这些时间段，用户相对会比较清闲，刷抖音的概率也最大。

此外，在选择发布时间的时候，我们还要参考一下所要发布的抖音视频的类型。励志类的抖音短视频最好选择在清晨发布，而情感类、鸡汤类的抖音视频最好选在晚间发布，因为这样的时间点，往往更容易引发用户的共鸣。

❷ 放弃降权的账号

在前文中，我们已经强调过，抖音平台是会"挖坟"的，也就是说，如果你在运营抖音的过程中出现了一些特殊情况，那么，你的账号可能就会被降权。对此，我的建议是，如果你的账号发生了以下降权情况，那么你最好尽早放弃这个号。

1）视频的审核时间很长，且视频播放量不佳。

2）发布的视频质量不佳，或视频出现违规操作的情况，导致账号权降低（如视频内容触及敏感话题、视频包含广告营销等）。

❸ 持续维护

同样的，由于抖音平台推荐算法自带"挖坟"机制，所以一些老视频也会拥有突然蹿红的机会。因此，在运营抖音的过程中，很关键的一点就是一定不要放弃优质视频，并且还要对这些优质视频进行持续的维护，比如评论、点赞、转发等，说不定哪天，你的努力就会换来丰厚的流量回报。

❹ 提升四大指标

前面已经说过，抖音平台主要是通过完播率、评论量、点赞量和转发量四大指标来判断你的视频是否值得引荐的。所以，如果想要你的抖音视频获得平台推荐，那么，你就应该想方设法地去不断提升这四大指标。

具体来说，可以参考以下做法：

1）在制作抖音视频时，引导用户评论、点赞和转发该视频。比如，很多抖音运营者会在视频文案中标明"看到最后你会发现……""最后竟……"等文字，这样做的目的就是为了吸引用户看完视频，提升完播率。

2）在抖音视频文案中添加一些互动语，鼓励用户参与留言，增加评论量。

3）回复评论时简洁指出视频的中心观念，使用户迅速加入话题讨论中，增加评论量、点赞量和转发量。

4）自己想好回复内容并借用其他账号发布到评论区，引导其他抖音用户以这个回复为中心，开展更多话题，从而提升四大指标。

❺ 重视新账号的初期作品发布

按照抖音的算法规则，抖音新账号的前几个视频可以直接决定这个账号的初始权重。而在审核和推荐的过程中，抖音系统往往会更看重那些新账号发布的抖音视频，换言之，新账号的作品推荐率会高于其他普通账号。所以，作为抖音运营者，一定要充分重视新账号的初期作品发布，把控好视频的内容和质量。

具体来说，如果希望自己的抖音视频能登上热门，就一定要记住一个数字代码：1－5000－100，即如果此视频在 1 小时内达到 100 以上的点赞量和 5000 以上的浏览量，就能得到系统的推荐，登上热门。

二、吸引用户

抖音视频的时长是 15 秒，虽然时间较短，但用户并不会因此随意停留。在短短的视频里，必须有能够在第一时间吸引用户的因素。这种因素有很多，如果你懂得运用镜头语言，可以利用静态镜头的停留吸引用户的注意，抓住用户的情绪；如果你懂得广告创作中的“吸睛”原理，也可以充分利用用户的兴趣元素建立好感。

在抖音短视频中，用来吸引用户的常见元素主要有以下七种，如图 4－3 所示：

图4-3　吸引用户的常见元素

　　要想留住用户，你的短视频最起码要具备上述七个元素中的一个点。要想吸引大批的用户，那么你则必须要把某一个元素用到极致。当然，如果你的短视频能够具备多个吸睛元素，那么你也必然能够使大批受众欲罢不能。

　　在这些常见的元素里，"快节奏"无疑最能反映抖音的特点。抖音特有的快速录影、切镜头等功能，能够使用户更加轻易地创造快节奏的作品，使观众为之着迷。抖音曾经爆火的"手指舞"正是利用了这一特点，让用户不知不觉就沉迷在抖音的世界中。

三、留住用户

　　要想把短视频做好，就要有特别的内容元素，以吸引用户的关注。而当一个短视频中拥有多个元素时，这个短视频的关注度也会得到提高。

　　例如：当一个快节奏的舞蹈视频是由一位高颜值的女性完成的，就会比普通人跳的舞蹈更受欢迎；当一个宠物类的视频加上有创意的搞笑元素，就会吸引更多的受众，激发人们的萌点；当把现实里的某一类新奇事物搬进视频，就会引发大众的关注，创造出一系列网红产品。

不同元素的组合可以达到 1 + 1 > 2 的效果，使视频能够留下观众，让观众欲罢不能。而如果想合理地创造出具有多重元素的视频，就需要我们有着强大的策划能力，能够高效地利用有限的资源，突出产品属性，创造出优秀的作品。

四、提升热度

提升热度最好的办法就是借助热点话题，也就是"蹭热点"。

那么，何谓热门话题呢？简单来说，就是在某个时间段里，人们谈论最多的事情。借助热门话题，我们可以迅速提升自己抖音视频的热度。尤其是对于那些粉丝数量较为少的抖音运营者而言，通过制作并发布一些和热点话题相关的短视频，可以迅速吸粉，扩大粉丝规模。

一般来说，热门话题又可分为突发性话题和周期性话题两种。突发性热点的最大特点就是快，我们每个人都无法预料突发性话题，但舆论一旦点燃就会瞬间带动相关话题。所以，作为抖音运营者，当我们遇到了突发性热点的时候，一定要反应迅速、抓住机会。

而周期性话题谈论的时期较长，当创作者在以这类热点为基础制作短视频时，可以有较充裕的时间进行准备。比如《白蛇传》是著名民间神话故事，所以抖音上很多搞笑达人都纷纷模仿白蛇、青蛇博取关注，得到了无数粉丝的点赞。

五、巧妙植入广告

前面已经说过，许多人做抖音的目的都是为了实现流量的变现。而在本文的开头我所总结得出的抖音不获推荐的五大原因里，"含有疑似广告内容"这一条赫然在列，那么，这是不是意味着我们在进行抖音运营的时候，为了获得系统推荐、上热门，就不能发布广告呢？

关于这一点，我的答案是可以发布广告，但是，广告植入的方式一定要巧妙。以下提供三种巧妙植入广告的实用方法。

❶ 利用短视频与产品之间的内在逻辑

当抖音运营者想要在抖音中发布广告时，首先要考虑短视频与产品之间的内在逻辑，广告要能融入作品之中。如果放弃了广告的内在逻辑，选择单纯的"高颜值＋快节奏视频"，那么这个产品的植入也难以取得成功。

例如图4－4中的迷彩服广告作品，在这个短视频中，"帅哥＋手指舞"的组合吸引了大量用户的注意，根据评论和点赞数可以推算出这则短视频大致有上万的观看量。可吸引用户的并不是视频中帅哥所穿的迷彩服，而是整体帅气的外形和舞蹈动作。当衣服不能吸引观众的注意力时，自然也就起不到良好的营销效果。

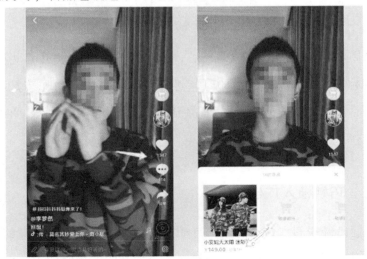

图4－4　抖音短视频作品示意

❷ 利用抖音所特有的大众化和时效性特点展示产品

当一条广告的软植入难以进行下去时，不妨换个思路，干脆让这条广告"硬"一点，也能有收获不错的宣传效果。抖音所特有的大众化和时效性特点能够带给用户较为真实的视觉体验，起到良好的"带货"作用，抵消硬广给用户带来的不适感。

例如在图 4 - 5 中，这则短视频就是运用抖音自身的快节奏功能，简单地展示了所推广的产品。在对削笔刀和自动橡皮擦的介绍中，并没有运用特别的拍摄技巧，但这样简单的推销方式并没有影响用户对产品的关注。正是由于这则短视频拥有"快节奏""新鲜感"和"现实"这些关键的元素，所以才能取得良好的带货效果。

图 4 - 5　抖音短视频作品

如果在现实中，一个人经常需要用到铅笔、橡皮这些产品，像是经常需要画草图的美术生，或者是家里有需要写作业的小学生，这个短视频就刚好符合这个人在现实中的需求，从而使之产生兴趣。在看完短视频后，人们会基于需要和兴趣去搜索相关产品，寻找购买链接。

❸ 为产品拍摄有趣的视频

当需要宣传的主体是线下的实体店时，为产品拍摄有趣的视频发布在抖音上也是不错的选择。海底捞的隐藏吃法、星巴克的特殊点单方式等视频的火爆充分说明抖音对于推广的作用。在进行店铺推广时，可以设置独特的隐藏菜单、展示店铺的特色活动，也可以在店铺中布置适合自拍的场景，吸引用户的关注。这些方式都是在抖音上推广店铺的重要手段，可以取得较好的带货效果。

总而言之，想要上热门并不意味着就不能发布广告，而是要求广告发布的方式一定要巧妙。

上面所述内容就是根据抖音算法分析总结得出的五大技巧，通过这五个技巧你就更有机会获得抖音平台的推荐，希望这些技巧对你有所助益。

4.3　数据挑选：上精选，得到高推荐量

在刷抖音的时候，我们常常会看到一些热门视频会带有显眼的红色"精选"二字。那么，与普通的抖音短视频相比，这些带有独特标记的短视频有什么不一样呢？

在前文中我们已经强调过，抖音采用的是机器审核 + 人工审核的双审核机制，这些带有"精选"标记的抖音视频正是抖音工作人员从海量的视频内容中精挑细选出来的。换言之，这些视频都是抖音官方

设置的一些推荐视频。

可以肯定的，这些具备了得天独厚的推荐优势的抖音短视频挤入高流量池的概率也往往会更大。

尽管在实际的抖音运营中，抖音官方的精选视频还是以明星的作品居多。但这也并不意味着普通的抖音运营者就没有上精选的机会。只要用对了方法，一切皆有可能。在本节的内容中，我就将为大家详细讲解一下上抖音精选、争取高推荐量的方法和技巧。

一、什么样的抖音视频能上精选

在 2019 年 1 月 1 日到 3 月 1 日的两个月时间里，我专门研究了过近 10 万个抖音运营者的抖音作品。通过梳理和总结，我发现了这样一个现象：

所有上精选的视频，其首次被系统推荐时，播放量都高于 5000、点赞量都高于 100。

据此，我总结得出了决定抖音视频是否能够上精选、得到高推荐量的一组关键数字：1－5000－100。

接触过今日头条的人都知道，头条的算法是这样的：先在一个较小的范围内推荐文章，分析文章在这一小部分人当中的阅读量，如果阅读量达到了预期效果，就会扩大文章的推荐范围。数据越高，其推荐范围就越广泛。

比如，在 2019 年年初，头条上有篇名为《对外贸易战，中国打还是不打》的文章，这篇文章刚刚推送出来，推荐量就有数 10 万，阅读量超过了 5 万次，最终推荐量超过了 210 万次，最终阅读量超过了 30 万次。

抖音也是头条旗下的产品，因此抖音采用的推荐逻辑和头条是相似的。当我们所拍摄的抖音视频发布后，最先会被推荐给一小部分用户，当推荐的视频热度达到一定水平时，系统会自动将流量池扩大，于是，这个视频就会被推荐给更多的人；如果在这一小部分用户中间，视频没有得到较高的反馈，系统将不会再进行推荐，那么这个视频很可能就会失去爆火的机会。

这其中，用来衡量抖音视频热度的主要是完播率、点赞量、评论量和转发量这四大关键指标，且完播率 > 点赞量 > 评论量 > 转发量。这也就意味着，完播率作为推荐算法的指标之一，其被赋予的权重是最大的，其次便是点赞量。

通常，当抖音视频发布后，首先会被抖音平台推荐给一小部分用户，当用户将整个视频完整地进行观看以后，系统就会自动设置为播放一次就产生一次播放量。其后，系统会再结合其他的因素将该视频的综合素质进行计算，如果能够达到系统设定的标准，就可以被视为优质内容，加大推送力度，这条视频的曝光率也会随之增大，由此形成一个完整的热门视频推荐过程。

表 4 – 1 展示了抖音平台上视频播放量与点赞之间的关系。

表 4 – 1　抖音短视频播放量与点赞之间的关系

播放数分段	样本数	点赞数分段统计				
		0 – 99	99 – 499	499 – 999	999 – 9999	大于1W
0 – 5000	1907	1796	49	13	7	0
5000 – 5w	91105	7811	26134	24964	31945	240
5w – 10w	42726	1077	3031	5698	32193	722
10w – 50w	67361	349	949	625	45045	20393
50w – 100w	22824	31			3457	19336
>100w	35002	183				34808

　　因为采集机制的约束，我很难找出没有被推荐的视频，但是还是可以得出有用信息，播放量在 5000 以下的视频达到 1907 条，这些视频当中点赞数低于 100 的占了 94%。

　　反之不难推断出，要想让你的视频得到更高的曝光率（即系统会再次推荐），那么你的视频的点赞数不能低于 100。

　　为了验证这一推断，我又对自己所拍摄的几个视频进行了测试，发布视频后发动朋友进行点赞。测试结果显示，那些点赞量超过 100 的视频，都能够在几小时内快速获得上万的播放量（如图 4-6 所示），而那些不足 100 点赞量的视频，则慢慢地无人问津。这一结果也从侧面说明了抖音的推荐体制。

图 4-6　赞数量过百的视频

综上所述，要想获得抖音官方的推荐，得到"精选"的标志，那么我们的抖音短视频必须在发布的 1 小时内，迅速取得超过 5000 的播放量，并且突破 100 的点赞数。这样，才能有上热门的机会。

二、上抖音精选的两大技巧

在上文中，我已经分析了能上精选的抖音视频特点。据此，我们也可以得出这样一个结论：要想提高自己的抖音视频上精选的概率，没有别的途径可走，唯有老老实实去运营抖音，拍出高质量的短视频，努力去提高自己抖音视频的点赞比和评价比。

❶ 提高点赞比

什么叫点赞比呢？是指抖音短视频浏览量和其所得到赞的数量之间的比值，在最小的流量池中，保持点赞比能够达到 5% 就可以称得上是优秀，那么提高点赞比的有效措施有哪些呢？

首先，我们需要给"赞"重新下一个定义，如图 4 – 7 所示。

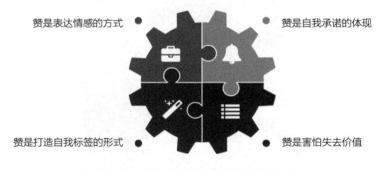

赞是表达情感的方式　　　　　　　赞是自我承诺的体现

赞是打造自我标签的形式　　　　　赞是害怕失去价值

图 4 –7　　"赞"的全新含义

1）赞是表达情感的方式

如果抖音短视频内容足以吸引用户的注意力，进而引发用户的情感共鸣，那么，用户就会产生点赞的冲动。当然了，这种情感既可以是开心、支持，也可以是忧伤、怀旧等等，当观众的情感被短视频调动起来，观众点赞的可能性就会大大提升。

2） 赞是自我承诺的体现

在心理学上存在这样一种现象：人们普遍更加倾向于去接受自己曾经承诺过的事情。例如，在路上接过别人传单的人更容易再去接受别人的传单。

如果现在你没有抖音短视频的运营经验，或者你对于短视频的内容定位不清，那你现在就可以找出你曾经发布的短视频，看看哪些短视频得到的点赞数比较多。

你还可以找出你自己的短视频账号，点开那些出现在你的视频评论区的你的粉丝或者其他人的主页，他们的主页当中都有他们曾经点赞的痕迹。然后，你就可以根据粉丝的喜好来制作相应的视频。

3） 赞是打造自我标签的形式

自我标签是用户对于自己形象认知的一种体现，用户在花费了大量的时间和精力后，将自己最好的形象展现给外界。

我们常常会发现一个投资人的朋友圈当中，往往充斥着这些关键词：马拉松、峰会和独角兽，投资人主要是想通过内容打造出一个专业性强、对事物拥有良好认知、热爱生活的个人形象，这就是他的标签。

一旦这些标签形成，在短时间内得到其他人的认可，用户就会因此产生强烈的满足感和快感。这种标签又会指导个人的行为。

举个简单的例子，我喜欢那些逻辑缜密、科学性强的短视频，当看到这类视频时，我更愿意去点赞，这是因为我认为自己就是一个具有科学思维、逻辑性很强的人。

因此，放大观众在瞬间的情绪感触是抖音运营人必须具备的营销手段，这也会大大增加观众点赞的概率。

4） 赞是害怕失去价值

和承担风险相比，人们更害怕失去。人们非常害怕出现损失，甚至有时还会因此而盲目行动。

现在，你明白为什么那些书籍、歌曲清单、PPT 一样的电影会在抖音上走红的原因了吧。人们之所以点赞，可能是出于做个标记，以妨丢失这些"精彩"的内容。

点赞这类行为就是为了后续操作的方便，这类视频的发展方向就是不断提高内容的价值。

❷ 提高评论比

评论比在抖音推荐算法中占有很大权重。关于提高评论比，这里也有两点建议。

1） 提高抖音短视频的信息密度

很多时候运营者都不知道自己视频中的哪个细节会戳中观众的痛点，导致用户频频吐槽最终捧火视频。

有一段时间这类视频非常火爆——地铁扶手假装不认识系列，画面中一男一女手抓着扶手，一点一点靠近，到最后两只手握在一起。其中最为火爆的一个短视频就是因为背景中有一个小姐姐用轻蔑的眼神看着发生的一切，这在很大程度上激发了用户的吐槽和评论，拍摄者没有想到自己的视频会因为这一细节迅速走红抖音（见图 4－8）。在其后出现的几十款模仿视频中，拍摄者都安插了背景角色，这些短视频也同样火了。

图 4 -8　抖音短视频截图

由此，我们可以总结得出这样一个结论：增强视频内容的信息量密度，即在短视频当中多添加一些细节，为用户提供更大的评论空间，从而有效地激发用户评论的兴致。

说到这里，可能很多人又会产生这样的疑问：既然视频的信息量这么重要，那么应当怎样增加视频内容的信息量密度呢？

这里教给大家一个简单的办法：所见即所得。简单来讲，就是通过多种形式将你在视频当中想为观众传达的信息呈现出来。

比方说，有一个长相甜美的小姐姐穿着一身紫色裙子，在镜头前跳舞。这样的视频火的可能性不高，因为类似描述性的视频太多太滥，大多会淹没在众多的抖音短视频当中。

但如果同样的是一个小姐姐穿着紫色的裙子在跳舞，但她的上衣破了个洞，胳膊上还有一个海贼王的文身，对着镜头跳舞。那么，显然拥有更高信息密度的第二个视频会比第一个视频拥有更多的能够引发评论的点和评论的空间。

总而言之，要想得到较高的点赞和评论，首先就应该在短视频当中设置较高的信息密度。

2） 文字描述引发评论

在实际的抖音运用过程中，我们还可以通过文字描述来引发评论。关于这一点，我总结出了两个非常好用的技巧：

第一：如果你的短视频本身信息量较少，可以借助反常识的点进行引导和描述。

比如："看过5部以上，证明你就真的老了。"如图4-9所示。

图4-9 文字描述引发大量评论的短视频截图

再比如：曾经有一个与太空有关的视频，这个短视频本身的信息量不大，但是经过文字描述展现出了一个非常吸引人眼球的内容。其文字内容为："请保护好地球，我们唯一的家园。"

这样的文字内容背后暗含着这样的信息：我现在在飞船上，保护地球的任务就交给你们了。这样的信息自然会引发观众的好奇心，为什么你能拿着手机在飞船上拍视频呢？由此可见，通过简短的文字引导，利用反常识的话题，就可以达成很好的互动评论效果。

第二：如果你的视频内容信息量较高，可以直接进行提问。

比方说，与榜单内容相关的视频，自身就拥有庞大的信息量，你可以直接进行提问：你看过多少部这样的视频？或者直接讲最有争议的话题，问观众对此所持有的看法是什么。

有一些心理测试类的账号就应用了这类原理，通过直接提问的方式引发用户的思考，提高了评论的转化率。

4.4 精品推荐池：利用三大指标，引爆流量吸粉

在短视频爆红的今天，很多平台通过短视频吸引流量，抖音之所以能成为其中的佼佼者，与其先进的算法密不可分。以公众号与抖音的区别为例，如果你的公众号没有粉丝，你发布的内容就没有人看，也就不会产生流量。抖音则不同，无论你的抖音账号有没有粉丝，发布的内容都会有几十到上千的播放量，我们称之为流量池。

抖音可以根据算法给每一个抖音运营者的抖音视频分配一个流量池，并根据其在这个流量池的表现，决定是否将其作品推荐给更多的用户。这也就意味着，抖音流量池的推荐对于抖音账号运营具有举足轻重的作用，作为抖音运营者，如果你要想引爆流量吸粉，那么，就必须想方设法得到抖音的精品流量池推荐。

那么，如何才能得到抖音的精品流量池推荐呢？要回答这个问题，我们不妨先来分析一下抖音的推荐机制原则和推荐参考指标。

一、抖音的推荐机制原则

抖音推荐主要包含三方面的内容：基础推荐量、进阶推荐量和长期推荐量。

通常，当你在抖音平台上发布了一个新的视频以后，系统就会给你一定的推荐流量，带来一定的播放量。而在这个过程中，如果你的抖音视频获得了足够数量的点赞、评论、转发和完播，那么，抖音系统就会给你一个不错的"评分"，而这个评分又决定了你第二次的推荐，以此类推，在通过第二次、第三次的评分，去决定第三次、第四次的推荐。

在对你的抖音短视频进行推荐的时候，抖音一般会遵守三大原则：

原则一：抖音的推荐叫"千人千面"，它会根据用户平时搜索、喜欢看的内容进行推荐。比如用户经常搜索跳舞的视频来看，抖音就会多给用户推荐跳舞类短视频的相关账号。

原则二：抖音会对发布在平台上的短视频进行监测，如果你发布的短视频被很多人点击了不喜欢，那么抖音就会降低推荐频率。

原则三：抖音短视频内容丰富，但是如果想要长久运营，最好让自己发布的内容专注于某个领域，把这个领域做深、做精，并持续、恒定地发布内容，那么抖音就会认为你比较稳定，内容质量也相对较高，会更乐意给用户推荐你的内容。

除了以上三大原则之外，抖音还会参考以下因素给你的短视频打分，分数越高，推荐的机会就越大。

❶ 健康度

健康度是用户对你的短视频内容的满意程度，以用户在你的短视频上停留的时间为判断依据，停留的时间越长，健康度越高。

❷ 账号活跃度

我们都知道"僵尸粉"是指活跃度非常低的粉丝，这样的粉丝有等同于无，如果太多还会引发别人对你粉丝量的质疑，抖音账号的活跃度对于打分来说也是如此。账号的活跃度不要求太高，但是要保证每 1~2 天都有持续、稳定的优质内容输出。

❸ 账号垂直度

抖音账号会根据粉丝的观看历史与爱好来分配流量池，这些流量池是类似的，也就是说你发布的短视频内容想要吸引的粉丝的属性要一致，如果短视频内容定位模糊不清，什么都发，什么都不精，那么就很难引流，评分自然会低。

❹ 账号互动度

账号互动度是另一种形式的账号活跃度，展示你的亲和度，可以进一步引爆粉丝流量，所以你要多与粉丝互动，及时回复粉丝的评论、私信等，保持账号的互动度。

❺ 账号原创度

在网络时代，信息爆炸，所以无效、同质类内容越来越多，账号的原创度决定了你账号的独立、新颖程度。原创内容质量越高，被抖音推荐的可能性越大。

二、三大指标，引爆流量吸粉

如果我们对上文中的抖音推荐机制加以分析，就可以得出这样一个结论：短视频内容和用户对短视频内容的反应是决定抖音推荐的两大关键因素。而如果再进一步细化的话，又可以总结得出决定抖音精品流量池推荐的三大重要指标：坚持原创、满足用户需求、明确用户动机。

❶ 坚持原创

在上文中我们已经强调，抖音平台在进行抖音短视频流量池推荐的时候，会把作品的原创度作为一个重要的衡量指标。除此之外，我之所以强调在运营抖音的时候要坚持原创，是因为和搬运和模仿相比，原创抖音作品会具有如图 4 – 10 所示的三大优势：

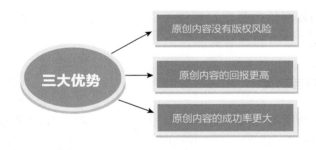

图 4 –10　原创的三大优势

那么，我们在做抖音运营时应如何去做原创作品呢？我的建议是先选择核心受众，再根据核心受众制作能够吸引他们的内容，简单来说就是做好内容定位。至于怎么做内容定位，需要结合抖音平台的主要内容分类来。目前，抖音平台上的内容主要分为大众娱乐内容与细分垂直内容两大类。

大众娱乐内容是指唱歌、跳舞、讲段子等比较通俗，娱乐性较强，适合绝大多数受众的内容。这类内容吸引粉丝的秘诀在于主播本身的素质，比如颜值高、有特点等。细分垂直内容是指各行各业的专业知识和技能分享，实用性更强，适合想要通过短视频学习自己感兴趣的知识和技能的人群。

这两种内容很难说哪个更好，前者受众多，能获得的粉丝量也更高。后者的粉丝量虽然会少一些，但是他们绝大多数是精准粉丝，对账号的认可度、关注度、忠诚度会更高，转化率也高于大众娱乐内容，因此大家根据自己的实际情况制定内容方向即可。

除了找到自己的内容定位外，在这里，我也要分享两点关于坚持原创的个人经验，希望能够帮助到大家。

1）利用新闻热点做原创

新闻热点往往是人们关注的焦点，所以利用这些热点做原创更容易获得用户的关注，吸引大量流量，提升粉丝的活跃度。鉴于此，我建议大家不要错过利用新闻热点的机会。我们要时刻关注各大门户网站、社交媒体上的新闻热点话题，比如百度沸点、微博热搜等，分析粉丝对这些新闻热点的看法、态度，将其融入短视频里，以提高内容的原创度，吸引粉丝的关注。

比如"塑料姐妹花""玻璃心"等热门话题，"520，我爱你""3·8女王节"等节日热门话题，在热度相当高的时候邀请粉丝参与话题讨论，引爆流量。

2）扩展思维方式找到新思路

灵感之所以如此捉摸不定，与我们在大多数时候容易陷入惯性思维、定向思维有关系。如果我们能够打破思维局限，尝试逆向思维、发散性思维，就容易找到区别于旁人的新思路，制作出来的内容原创度会比较高，也更容易吸引粉丝的关注度。

❷ 内容满足用户需求

内容满足用户需求是指我们在制作短视频之前要挖掘出用户的真实需求，比如减肥的女性朋友关注的内容大多数是减肥技巧、运动健身、减肥餐等，因为这些内容可以满足她们减肥的需求。

只有了解了用户的真实需求，才能提高内容原创度，制作出用户更喜欢的短视频，进而引爆流量，吸引粉丝。那么我们要怎么了解用户的真实需求，打造用户喜欢的内容呢？可以参考以下三个步骤进行：

1） 确定用户需要被满足的需求

很多用户表现出来的需求往往是表面上的，真正的需求需要我们去深度挖掘，我们可以通过以下问题分析出用户需求。

第一，该内容是否满足绝大多数核心用户的需求？这个需求是否属于高频的刚需？这个需求是否符合我们要传播的核心价值？

第二，我们的竞争对手是否已经满足了用户的类似需求？为什么大家要做这样的内容？不做这样的内容的原因是什么？

第三，如果我们满足用户的这个需求，投入产出比是否能达到预期？获得的回报与付出的成本是否能达到平衡？

第四，我们是否有足够的能力去满足用户的这个需求？

我们可以把以上这些问题都列出来，根据自身的具体情况逐一分析，尽量做到知己知彼，方能百战不殆。

2） 打造核心点满足大部分用户需求

正所谓众口难调，每个用户都有自己的特点，因此需求也各不相同，我们不可能制作出满足所有人的内容。所以我们要取的是大概率，也就是说我们在制作内容时首先要确定自己制作内容的核心点，然后把这个核心点定位到规模最大的需求群体中，满足大部分用户的需求，便不愁流量了。

3）不断创新跟上用户的需求变化

时代在不断发展，网络、科技也日新月异，用户的需求也会根据大环境和自身的改变而不断变化，所以有可能今天还是刚需的内容明天就不再被用户需要了。因此想要制作出满足用户需求的内容，必须时刻紧跟用户的需求变化，只有根据这一变化不断创新才能制作出仿佛为用户"量身制作"的内容，获得用户的认可。

❸ 明确用户动机

这里的动机，主要是指用户的点赞动机、转发动机、评论动机和关注动机，如图4-11所示。作为抖音运营者，你只有首先明确了用户的这四大动机，那么在运用抖音的时候，才能拥有更清晰的思路，有的放矢地去获得抖音精品流量池的推荐，吸引更多用户关注自己，实现快速涨粉的目标。

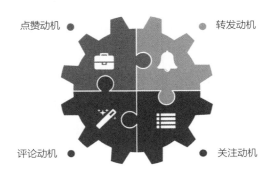

图4-11　四大用户互动动机

1） 点赞动机

点赞动机一般考验的是我们制作的短视频有没有感动、惊艳用户。两者相比较来说，感动用户更容易做到。比如抖音上有很多保护野生动物、救助流浪动物、边远山区支教等视频，所传递出来的正能量、感染力比较强，人们往往会被这样的爱心所感动，自然不吝啬动手点赞。

2） 转发动机

转发动机一般考验的是我们制作的短视频能不能给用户带来收获。只有让用户心服口服、有收获的视频才容易被转发。比如我们在抖音上看到一个快速叠衣服的短视频，比我们平常叠衣服的方法更简单、实用，让我们收获了快速叠衣服的技巧，而且这个技巧是免费的，也是身边很多朋友需要的，自然会触动转发动机，转发给身边的人。

3） 评论动机

评论动机一般考验的是我们制作的短视频能不能让用户认同，强烈的认同感和不认同都容易激发用户的评论动机。强烈的认同感，比如"厉害了，我的国""我在天安门前看升旗"等具有强烈感染力的内容更容易获得评论。而如捕杀野生动物、地域攻击等相对负面的内容则很容易引发人们的不认同感，引出用户一定要争论一番的冲动。

这里需要提醒大家的是，在引发用户的不认同感时，呈现的内容可以是负面的，但是所传递的你的态度一定要是正面的，不然很容易引发攻击，有可能让你辛辛苦苦经营的抖音账号毁于一旦。

4） 关注动机

关注动机一般考验的是我们制作的短视频对用户来说有没有价值。

我们在抖音里要关注一个账号，无论是娱乐型还是实用型，肯定都是因为它对我们来说是有用的，娱乐型可以让我们心情愉悦，实用型可以给我们的生活带来便利，所以当一个账号可以给用户持续带来价值时，无论是物质价值还是精神价值，都能引发用户的关注，获取更多的流量。

众所周知，抖音的精品推荐是"去中心化"的，所有的内容都根据用户的喜好而动，所以只要你的视频内容坚持原创，质量较高，能够满足用户需求，抖音就会更多地向广大用户推荐你。只要得到抖音持续的推荐，引爆流量、凝聚大量粉丝的日子还会远吗？

第 5 章

裂变涨粉法：
私域流量池的打造方
法论

许多人选择加入了抖音运营阵营，希望借助抖音的超高人气，实现引流变现，收割抖音红利。但若没有强大的粉丝基数做基础，一切都是空谈。这也就要求抖音运营者在实际的抖音运营中必须掌握"涨粉"技巧，懂得裂变涨粉。

5.1　账号涨粉：养出高质量爆款"网红号"

抖音究竟应该怎么玩才更吸粉呢？关于抖音运营，许多人都会走入一个误区，他们往往会把抖音当作朋友圈来玩，随心所欲地发一些内容就完事了，不去考虑定位，也不做后期维护。这样的做法，必然会导致抖音账号过早失去权重。

事实上，在运营抖音的时候，我们首先应该明确一个观念：吸粉的抖音账号、权重高的抖音账号，都是养出来的。换言之，养号是抖音运营"升级打怪"的关键第一步。在运营抖音的过程中，只有做好了养号，才会不愁流量、不愁粉丝、不愁变现。

那么，问题又来了，在运营抖音的过程中，如何才能养出高质量的爆款"网红号"呢？这也是本节我将要分享的重点内容。

在我看来，要想养出一个高质量的抖音账号，就必须做到以下三点。

一、打造一个使人印象深刻的抖音名、简介和头像

注册个人抖音账号是进入抖音流量高地的入场券。在许多人看来，这个"傻瓜式"的操作步骤基本没有技术含量，只要有个手机、能看

懂中文，基本都能完成。

的确，注册抖音账号的过程并不复杂，但如果我们对抖音运营有着更高的要求、希望能吸引更多粉丝获得更多流量，就不能轻视这个简单的步骤。

具体来说，在注册抖音个人账号的时候，最基本的一个原则就是要打造一个令人印象深刻的抖音名、简介和头像。

下面，我们先来看一个成功案例。

上图 5 – 1 是抖音网红"家有老张"的抖音账号首页截图。了解该账号的人都知道，它的内容定位是一对父女的趣味生活日常。我们都知道，如今，在日常生活中有不少的年轻人在称呼自己的父母时都喜欢用"老 X"来替代，所以"家有老张"这个抖音账号名就很好地贴合了年轻人的生活习惯，能带给人亲切俏皮的感觉。

从图 5 – 1 中我们可以看到，该账号的头像选择了父女二人的图片，在图片中，父亲作沉思状，女儿则嘟嘴卖萌，很好地贴合了账号定位，让人一看就记忆深刻；最后再来看下该账号的简介——"几十年辛苦操持这个家，偶尔也想要点酷"，这短短十几个字，一个父亲的形象便跃然纸上，十分形象。

可以说，该账号的账号名、简介和头像都十分符合账号定位，并且能给人留下深刻影响，是我们在运营抖

图 5 – 1 "家有老张"抖音账号截图

音账号时可以参考的典型案例。

那么接下来，我就和大家详细地来聊一聊究竟应该怎样打造抖音账号的账号名、简介以及头像。

❶ 给抖音账号取个好名字， 使其发挥品牌作用

对于运营抖音而言，取一个好的抖音名非常重要。一方面，抖音名是抖音运营者的个人标签，另一方面，它也是我们运营抖音时的重要门面，直接关系着我们的抖音账号是否能被其他用户一眼记住。

那么，抖音名究竟应该怎么取呢？这其中也是有门道的。具体来说，一个好的抖音名应该具备以下特点。

1） 便于记忆

取个好名字的目的是为了让更多的用户更好地记住我们的抖音账号。所以，一个好的抖音账号名首先必须好记，而要做到这一点，就要求我们所取的抖音名必须具备以下三大特征（见图 5 - 2）。

图 5 - 2　好记抖音名的三大特征

2） 通俗易懂

除了好记外，通俗易懂也是取抖音名的基本原则。而要做到通俗易懂，也有三大要求（见图 5 - 3）。

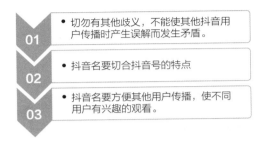

图 5 - 3 通俗易懂抖音名的三大特征

3） 具有独特性

一个具有独特性的抖音账号名能更好地体现抖音账号的辨识度，加深用户印象，方便其他用户在人海茫茫的抖音流量池中迅速识别出我们。

4） 易于传播

在注册抖音账号的时候，我们所取的抖音名一定要易于在平台内传播，并符合正确的价值观。

在给自己的抖音账号取名的时候，可以参考图 5 - 4 的做法。

图 5 - 4 四个技巧帮你在抖音上取个好名字

❷ 编撰一个有利于用户传播的抖音简介

当我们取好了抖音账号名后，接下来就要撰写有利于传播的抖音简介。抖音简介能够帮助用户快速地了解我们，从而吸引用户观看我们的抖音短视频并关注我们的抖音账号。

一般来说，我们在撰写抖音简介时要本着以下三大原则，如图5－5所示：

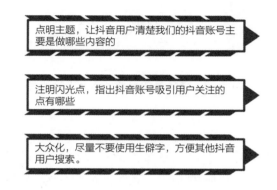

点明主题，让抖音用户清楚我们的抖音账号主要是做哪些内容的

注明闪光点，指出抖音账号吸引用户关注的点有哪些

大众化，尽量不要使用生僻字，方便其他抖音用户搜索。

图5－5　撰写抖音简介的三大原则

❸ 选择一个适合自己的抖音头像

抖音头像和抖音号名称、抖音简介同样重要，在虚构的网络世界里，一个合适的头像能够决定用户是否会在第一时间内注意到我们并愿意关注我们。

在选择抖音头像的时候，应该遵守以下原则。

1）要与抖音账号的定位相匹配

比如，如果你的抖音号定位是萌宠类，那么你的抖音头像就可以选择一个可爱的小动物，这样用户一看到你的头像，就能马上将你的账号与萌宠产生联系。

2）要突出重点

如果你注册的是个人抖音号，那么你可以把抖音头像设置为自己的全身照或正面的清晰自拍照；如果你注册的是企业抖音号，则可用企业的品牌名或企业的 Logo 作为头像，这样会使抖音用户对你的印象更深。

3）要吸睛

抖音头像要选具有吸睛效果的图，才会给人以想关注的欲望，甚至对你一眼难忘，直接关注你。

二、谱出爆款内容交响曲

当我们完成了抖音账号的注册后，接下来就是内容的打造了。如果说好听好记的抖音账号名、令人记忆深刻的抖音简介和吸睛讨巧的头像是吸引用户关注我们的门面的话，那么，精彩饱满的视频内容就是让用户深入了解我们并被我们"圈粉"的关键。

在这个内容为王的时代，你的抖音账号究竟能不能吸粉、能吸多少粉其实都是由你所制作的内容决定的。和微博、微信等媒介传播方式不同的是，抖音采用的是"去中心化"机制，这也就意味着，在抖音，不管你是新号还是老号、不管你有无粉丝基础和运营经验，只要你的内容足够好，那么，你就能得到足够大的流量池，被更多用户看到。

关于爆款内容应该如何打造在第 2 章已详细讲解过。在这里，我主要将为大家梳理、归纳出目前在抖音平台上最容易走红、最能刺激用户的六种内容类型，以供大家借鉴。

❶ 外表吸引力

不可否认的是，人都是视觉动物，这也就造成了在抖音上，相比于其他内容形式，外表吸引力更容易获得用户的关注。用一个非常通俗的话来讲，"我的天，我好像心动了。"

当然，外表吸引力除了是指一个人的外貌和身材外，还包括个人装扮和动作设计以及透过镜头给用户展示的综合感觉。也就是说，所谓的外表吸引力，就是指通过外貌、身材、动作表现和亲和力相互结合，共同为用户营造一种心动的感觉。

在抖音上，主打"外表吸引力"的账号有许多，其中，抖音网红"闪闪啊"就是一个典型代表。

网红"闪闪啊"是拥有 180.5 万粉丝和 900.7 万点赞的抖音网红。而她成功俘获"抖友"芳心的秘密武器就是她的高颜值。

如果你仔细研究"闪闪啊"的抖音账号就会发现，她的每一条抖音视频几乎都是一个可爱甜美的女孩出镜，在镜头前或唱歌或卖萌，而她的每一条抖音视频，几乎都能收获好几千的点赞。

❷ 搞笑内容

作为泛娱乐类型，搞笑类内容适合于所有抖音用户。而它之所以能够流行，是因为抖音往往被用户用来消磨碎片化的时间，以提供娱乐消遣。那么，搞笑类内容便是实现这一功能的最强主力。当用户哈哈一乐时，点赞便是顺理成章的奖赏行为了。

通常，搞笑类内容又可细分为讲笑话段子、行为傻里傻气、拍摄搞笑情节短剧、剪辑失误画面、讲述流行的梗等。但不管是哪种类型的搞笑类内容，其精髓都在于要通过剧本力、表演力和表情力的结合，让用户发自内心地笑。

关于这一点，"多余和毛毛姐"就为我们做出了很好的示范。翻开其抖音账号，你会发现其最大的特色就是分饰两角和反串，搞笑的段子加上别具一格的表现形式，让他圈粉无数（如图 5 - 6 所示）。

图 5 - 6 "多余和毛毛姐"抖音截图

❸ 萌系内容

与外表吸引力内容相似，萌系内容也是通过外表收获用户点赞的一个主要类型。

不管是萌宝还是萌宠，只要在视频中展现出其可爱、憨态可掬的样子，融化用户的心，用户自然会点赞并反复观看。萌宠借助短视频的东风爆红，这在以前是从来没有出现过的现象。

提到萌系内容，最具代表性的抖音账号之一应该就是"孙强阿拉斯加精品狗场"。翻开其抖音账号，你会发现大部分内容都是关于小狗的，它们憨态可掬的可爱模样融化了无数抖粉的心，也成功吸引了无数粉丝（如图 5 - 7 所示）。

图 5 - 7 "孙强阿拉斯加精品狗场" 抖音账号

❹ 专业技能

抖音中还存在大量展示自身特殊才艺的内容。不过，才艺并不单纯指唱歌和跳舞，现在也出现了越来越多的冷门生活技能，比如，一些魔术师、影视特效人员等也利用自己的专业技能表演魔术、制作特效和合成内容等，都获得了很多关注、点赞和播放量。

在这一点上，"魔术师林剑伟" 就为我们做出了很好的示范。该账号几乎所有的抖音内容都是在教人简单的魔术，专业的技能加上简单的教学，成功吸粉无数（如图 5 - 8 所示）。

图 5-8 "魔术师林剑伟"的抖音截图

❺ 表达无法言喻的感受

所谓"无法言喻"，是指单纯通过图片和文字进行表述已经无法精准展现的内容。不管是大自然的壮丽秀美，还是在重要时刻进行的影像记录，只有短视频才能给用户带来超强的体验感和身临其境之感，为其留下深刻印象。

这种内容是在抖音平台流行之后才被用户更多关注的，之前的短视频平台虽有类似内容，但大都无法获得很高的流量。

比如图 5-9 中的这条由"人民日报"为庆祝海军成立 70 周年而

149

发布的 2009 年国庆阅兵海军方队的抖音视频，如果单纯用文字或图片的话，很难精准展现出海军的风采，但通过一个 15 秒的视频，那种无法言说的飒爽英姿便一目了然了。

这条短视频发布后，取得了超过 1307.6 万人点赞、10 万 + 条评论、超过 27.2 万人转发的好成绩。

图 5 - 9　"人民日报" 抖音截图

⑥ 说到用户的心坎上

说到用户的心坎上，是指视频内容和情感表达能够激发用户的共鸣。这类内容操作起来也非常简单：传达受到用户认可的价值观 + 犀利的文案 + 极强的表述力，一条能说到用户的心坎上的抖音就产生了。

抖音账号 "励志语录" 制作的抖音短视频就属于这种内容（见

图 5 – 10）：一段励志的文案，配上具有视觉效果的视频画面，便能够引发无数人的情感共鸣，从而成功吸粉。

图 5 – 10　"励志语录"抖音截图

以上为大家介绍的这六种类型，大致上涵盖了抖音平台上所有可以走红的内容方向，在运营抖音的时候，大家可以根据实际情况做出相应的选择。

三、做好后期维护，增强粉丝黏性

在运营抖音的时候，当我们的账号有了一定的粉丝基础后，我们还要注意做好后期维护，增强粉丝黏性。

具体来说，增强粉丝黏性的方法主要有发放福利和培养习惯两种。

❶ 发放小福利，实惠用户

通过福利的发放可以起到很好的吸引用户的效果，这种做法虽然在前期需要支付一定的成本，但是效果不错，往往能在短时间内就能吸引大量的用户群体。此外，还能有效降低获取粉丝的成本。

在具体的操作中，我们选择评论当中获得最高点赞数的用户送出小礼品。

这种方式对于那些商品测试类和美妆类抖音账号最为有效。一般情况下，这类短视频当中出现的单品都可以当作礼物送出去，因为这些单品价格往往比较低，而且在用户中很受欢迎，能大大提高用户的参与热情。通常，为了最终得到这个礼物，许多用户还会邀请自己的亲朋好友来点赞，这样一来，就会无形地提高抖音账号的用户基数，吸引更多用户的关注。

❷ 坚持每日更新，培养用户习惯

除了发放福利、实惠用户外，坚持每日更新、培养用户习惯也是维护账号的重要内容。坚持每日更新很好理解，接下来我将重点为大家讲解培养用户习惯的方法和技巧，归纳起来，主要有以下三条。

1）提供暗示，激发用户渴求

作为抖音运营者，在运营抖音账号的过程中，要养成定期更新的好习惯。这样做的好处是能够在很大程度上给予用户一定的暗示，让用户一到了短视频更新的时间，就有意识地去看你的短视频，从而培养用户黏性。

在暗示用户的同时，还应当注意要激发用户对短视频的渴求。在如今同质化现象严重的背景下，抖音上可能会有很多和你所拍摄的短视频相似的内容，那么，在这样的情况下，你如果想依靠内容将用户牢牢吸引的话，你的短视频内容就必须具备独特之处。

而要做到这一点，在短视频内容的编排上注重创新是非常重要的。要明白，只有新的东西才能不断吸引用户的注意力。而一旦用户对你的短视频产生了依赖后，他们就成了你的忠粉。

2）确保条件，方便用户

仅仅是激发用户的渴求还不足以让用户养成定时观看的习惯，在运营抖音的过程中，还必须挑选合适的发布时间，确保用户有时间、有条件去观看视频。

比如，如果你的抖音目标用户是青年工薪阶层，那么，你的短视频发布时间最好就选择在下班后。这个时候，忙碌了一天的用户会全身心地放松下来，在回家的地铁或者公交车里面，他们可能会随便翻翻手机。此时，如果手机刚好接收到了你发布了新的抖音视频的信息提示，他们打开观看的概率就会更大，而几次过后，可能不需要信息提示，他们也形成自动打开抖音观看你更新的视频的习惯。

3）完成目标，激励用户

如果给每天坚持看视频的用户给予一定的奖励，也可以在很大程度上激发用户的活跃度。这种奖励既可以是精神上的也可以是物质上的。

在给予用户精神上的奖励时，我们首先应该对目标用户的心理需求做一个大致的了解，然后再去有的放矢地进行精神奖励，这样才能收到最好的效果，带给用户最好的心理慰藉。

物质上的奖励则比较简单，比方说用户每天在新的短视频下面发表评论，满多少天就可以凭借截图换取礼物，这种奖励方法虽然粗暴，但是效果很好，唯一的缺点是成本可能会比较高，时间长了也容易让用户丧失好奇心，所以建议大家酌情使用。

总之，增强粉丝的黏性是一个漫长的过程，作为抖音运营者，我们需要花费大量的心血和精力，才有可能做好这件事。但是，它所带来的收获也是十分可观的，一般而言，只要粉丝的黏性提高了，流量就会接踵而来。

5.2 IP 借力：千万粉丝的"食堂夜话"如何征服抖音用户

日本著名的暖心料理剧《深夜食堂》在这个浮躁的年代里，曾经因为让无数人重新感受到了一种春天般的温暖而圈粉无数。

而在抖音上，也有一个风格类似的"深夜食堂"账号。

"我是老黑，在这个城市开了一家料理店"，相信熟悉抖音的人，应该都对这句"食堂夜话"的视频开场白并不陌生。在这个深夜的日式料理店，来自五湖四海的食客都在这里停留用餐，一些平凡的小故事，在这些普通人身上交替上演。这个气质和《深夜食堂》非常相像的抖音账号，一经推出，就引发了一阵轰动，收获了大量的粉丝。

从 2018 年 11 月份发布第一个视频开始，在短短两个月的时间内，"食堂夜话"的粉丝数量就突破了 1000 万，点赞数量平均每条在十万以上。这个惊人的成长速度，让"食堂夜话"一跃成为抖音新锐榜的网络红人（如图 5 - 11 所示）。

图 5 – 11　"食堂夜话"抖音账号

不可否认，"食堂夜话"抖音号能这样迅速的蹿红与《深夜食堂》这个超级 IP 有十分密切的关系，因为它的内容呈现形式与《深夜食堂》非常相似，而《深夜食堂》这部影视剧是经过了市场检验的，在各方面都有着巨大的影响力，当现实中有这样一个深夜食堂的出现，自然会吸引各方面的关注。

不过，除此之外，"食堂夜话"自身在内容和运营上的创新也是它能够持续走红的关键，值得我们学习。

那么，在本节的内容中，我将通过深入分析"食堂夜话"这个典型案例的爆红之路，为大家提供一些运营抖音和成功吸粉的经验，如图 5 – 12 所示。

拒绝浮躁，用冷静的姿　　　生活化、慢节奏的　　　善用更容易引发共　　　进行情感、态度的提炼
态迎接市场　　　　　　　特色表达　　　　　　鸣的小人物故事　　　　和升华

图 5 – 12　"食堂夜话"的吸粉经验

一、拒绝浮躁，用冷静的姿态迎接市场

如今，随着市场的不断发展，短视频势头迅猛，正有越来越多的人加入到短视频的狂欢阵营中。很多人通过唱歌、跳舞、卖萌、说段子，甚至是高颜值而吸引了大批粉丝，成为网络红人。这一切，也吸引了更多的人加入到抖音短视频的浪潮中来，让行业态势得到了不断的升温。

这样的发展方式固然很好，但同时也滋生了许多买粉丝、刷流量行为，导致了内容环境越来越浮躁。

为了加速内容产出，很多内涵单薄、信息量不足但是比较"魔性带感"的内容逐渐充斥了抖音平台，这样的内容也许短时间内可以吸引人们的关注，但是时间一长必然会导致审美疲劳。

在这样的背景下，制作精良、贴近生活、可以传递更深内涵的"食堂夜话"便显得格外特别，一经推出，就牢牢抓住了用户的眼球，吸引了一大批忠实粉丝。

二、生活化、慢节奏的特色表达

全民狂欢永远都是暂时的，细水长流的生活才是真实的，这也是为什么慢综艺越来越受到大家欢迎的原因。

在抖音这个光鲜亮丽的大秀场里，各种抓眼球的内容层出不穷，展示平淡生活的内容却很少。不是人们不关注，而是面对信息的爆炸，很少有人能沉下心来或者说有时间来做这样的内容。所以生活气息十足的"食堂夜话"这股短视频清流在 2018 年一经推出，便迅速成为生活化抖音运营的代表，受到了广泛的关注。

说完了生活化，我们来说一下慢节奏。玩抖音的人都知道，高度碎片化、快节奏是抖音最大的特色之一，而这一点，似乎也刚好与我们在这里要强调的慢节奏背道而驰。那么，这是不是就意味着慢节奏在抖音是行不通的呢？

答案是否定的，我们在这里要强调的"慢"，其实是在快节奏的基础上"妥协"而来的。这也是"食堂夜话"最典型的特征之一。具体来说，这种慢节奏，其实就是指为了抓住用户的注意力而采取的通过内容设置与把控时长来"快中求慢"。

❶ 内容设置

大多数吸引人的视频，在拍摄时都会把内容设置为前、中、后三段。前边也就是开头，讲究眼前一亮，快速吸引用户；中间设置悬念、疑问等，层层推进，不让用户觉得枯燥；后边也就是结尾，会做解答、总结、反转或升华等设计，进一步突出主题。

不过在做极具生活特色的内容时，不需要设置悬念，也不需要戏剧化的冲突，因此上面所说的内容创作方法显然不适用，那么我们要怎么创作才能继续吸引用户的注意力呢？我们可以像"食堂夜话"学习，通过用餐、对话等生活中常见的场景平铺直叙每个平凡人的故事，激发普罗大众的共鸣，自然而然地陷入温馨的食堂情境中。就像米其林餐厅的美食我们都向往，但是真正吃过的人并没有多少，远不如大排档里热闹的场景更加贴近观众。

❷ 把控时长

我们在追求慢节奏时，一不小心就会把要呈现的沉静感变成拖沓感。为了避免这种情况出现，需要我们更好地把握时长。"食堂夜话"在把控时长方面做得就很好。它把每个故事都分为两集拍摄，每集时长 1 分钟左右，两集内容在同一天发出，既保证时长与内容的完整性，不影响用户的观看体验，又不会因为时间过长而显得拖沓，完美传递出平淡日常的沉静感。

三、善用更容易引发共鸣的小人物故事

没有烟火气的场景只适合用来做点缀，细水长流的平淡日常才是生活的真谛。所以善用小人物的小故事更容易引发用户的共鸣，因为我们绝大多数都是平凡却仍然奋发向上、值得被人尊重的人。就像"食堂夜话"一样，除了固定角色"老黑"之外，每期聚焦的都是来自五湖四海的普通人。

这些普通人形形色色，各不相同，却是社会的缩影，其所传递的情感、表达的态度总有一个点会与我们重叠，引发我们的共鸣。比如来到大城市追梦却迷茫的年轻人，他的困惑同样可能会出现在我们的身上；因为一点小事而闹别扭的情侣，吵架的架势、哄人的方法让我们感觉似曾相识……

柴米油盐酱醋茶，越平凡的，越容易引发用户共鸣，我们所要做的就是善于在视频里传递这种共鸣。

四、进行情感、态度的提炼和升华

一个能够引发共鸣的故事，必然不是浅薄的，而需要有情感和态度上的提炼与升华。可以说，在如今信息爆炸、人们注意力容易分散

的背景下，通过对内容进行进一步提炼和升华来节约用户的时间成本、脑力成本更是大势所趋。

这一点"食堂夜话"做得就比较好，每集所要表现的观点都提炼出来，表现在标题或者内容台词中，让观众通过一句话就能了解视频要传递的内容，得到安慰或启发。比如用"有些人，误以为不爱了，其实是藏太深，时间越久后劲越大"来讲述错过的爱，用"希望，所有珍惜都不需要靠失去才懂得"来淡化失去的痛，用"请你相信，坚持的人终会得到掌声"来鼓励失意的人。

尽管这些观点有些鸡汤，但是直白易懂又利于传播，仍然非常容易引起观众的共鸣。

总而言之，真正的努力都不会被辜负，它所带来的好结果只会晚一些，却绝不会缺席。只要我们能够抓住"内容为王"这一核心问题，沉下心来精心打磨内容，征服浮躁的抖音用户并没有想象中那么困难，大浪淘沙，留下的金子必然将长久闪光。

5.3 "懒人式"吸粉：不需创意一样吸粉 10 万 +

近两年，抖音以不可抑制的速度迅速爆红，并且成就了许多的抖音红人和抖音爆款商品。然而，不知道大家有没有注意到这样一种现象，不管是期望通过抖音平台收割红利的品牌商，还是期待在抖音流量高地中分得一杯羹的个人运营者，在运营抖音的时候，大多都没有明确自身的内容调性，而是采用了一种简单粗暴的方式，即想到什么内容就发什么内容、遇到什么热点就蹭什么热点。

这也就造成了大多数抖音账号的运营情况并不理想，许多运营者都纷纷发出来抖音越来越难运营、吸粉越来越不容易的感慨。

事实真的如此吗？

在我看来，之所以会出现这种状况，还是因为没有掌握正确的方法。那么，在本节的内容中，我就将为大家介绍一些抖音吸粉的重要招式。相信只要理解并掌握了这些招式，那么即便是没有好的创意，也同样可以达成"懒人式"吸粉的目标，轻松吸粉10万+。

一、弄清楚用户为什么会产生关注行为

可以肯定的是，用户关注某个抖音账号的行为绝不是随心所欲的，这种希望长期保持关系的关注行为在很大程度上正是来源于该账号能持续满足用户的某种需求。从这个角度来说，要想在短时间内轻松吸粉，最核心的问题就是要弄清楚用户为什么会关注你，只有弄清楚了这个问题后，在运营抖音号的时候，你才可以对症下药。

所以，"懒人式"吸粉的第一步就是要弄清楚用户之所以会产生关注行为的动机。

如图5-13所示，用户的关注行为90%以上都是由以下5种动机触发的：

图5-13　触发用户关注行为的5种动机

❶ 满足快乐

我曾经问过身边很多朋友，大都在什么时候刷抖音，他们的回答总结起来多是在无聊、烦躁、郁闷、悲伤的时候，很少有人在开心得飞起时还刷抖音。

也正因为如此，抖音上的视频大都风趣、幽默、娱乐性较强，可以制造快乐，给用户带来满足感。因此，当你把自己的人设定位打造清楚，让用户对你的形象形成固定印象，比如搞笑类、励志类，并能持续满足用户的情感需求时，用户关注你或对你的视频点赞就顺理成章了。

❷ 满足好奇

蒙田曾经说过："好奇心是我们灵魂的鞭子，驱赶我们把鼻子放在一切东西上面。"这句话形象地表达出好奇心给人们带来的影响，这种影响恰好可以用在抖音短视频制作上。只要我们制作的短视频内容可以时刻保持新鲜、稀奇，让用户有大开脑洞、长知识的感觉，充分满足了他们的好奇心，哪怕视频制作得没那么精良，也能触发用户对抖音账号的关注。

❸ 学习效仿

从出生到死亡，人类的一生都在学习效仿中度过，这是群体行为所决定的。我们需要通过参照模仿一些既定的行为来提升自己，这点同样适用于抖音吸粉。比如抖音上有很多"别人家的男朋友""别人家的女朋友"等情感大号，他们之所以能够成功，是因为这种形象塑造容易让用户产生羡慕心理，进而把他当作参照物来效仿。所以，你要充分分析目标群体，了解他们想要成为但是成为不了的人，把这个成为不了的人塑造成短视频的主角，便能引发关注。

❹ 解决问题

人们在生活中总会遇到大大小小各种问题。因此解决问题的短视频成为抖音上非常吸粉的一个组成部分。很多人在抖音上寻找英语口语教学、PS 制作、Excel 技巧、美食制作、服装搭配等可以解决问题的账号。那么我们制作此类可以帮助人们解决这些问题的短视频内容，自然可以吸引更多用户的关注。而且这类短视频还有一个好处，就是生命周期更长，毕竟它是因为完成某项任务而诞生的实用工具，不是容易产生审美疲劳的情绪化产品，只要有需要解决这类问题的人，关注度就不会缺少。

❺ 自我实现

自我实现类视频虽然略显鸡汤，但不可否认的是在现在这个竞争压力巨大的时代仍非常吸引人。比如我们可以利用成功的名人案例向人们传递更加积极的生活、工作态度，鼓励或者刺激人们追求成功、实现自我价值。这也是马云、马化腾、王健林等商界大咖的成功秘诀、演讲访谈在各大视频平台都广受欢迎的原因。也许关注这类视频的用户都知道他们的成功无法复制，但用户仍然选择关注是因为他们并不是在追求这样高难度的成功，而是希望通过成功人士的经验来安抚浮躁、焦虑的心，让自己改掉缺点，变得更优秀。

以上提供的五种需求理论，可以作为我们制作抖音内容的重要参考。相信在运营抖音的过程中，只要弄清以上五种关注动机，那么，我们就可以有针对性地去进行抖音内容定位制作出受用户欢迎的短视频。

二、掌握账号不同阶段的涨粉运营技巧

在实际的抖音运营过程中，不知道大家是否会有这样的感受：当采用某种方式去运营抖音账号的时候，一开始效果不错，可是随着粉丝的不断积累，原先的方法却越来越不奏效了。这是因为，对于抖音运营而言，粉丝量阶段不同，运营方式也需要做出改变。而只有在合适的阶段掌握了合适的方法，抖音运营才会持续产生效果。

所以，抖音"懒人式"运营的第二步便是要掌握抖音不同阶段的涨粉运营技巧。

通常，我们可以将抖音运营分为以下三大阶段。

❶ 第一阶段：粉丝 100—10000 阶段

在这一阶段，我们的运营重点应该集中在以下两点：

1）抓住评论视频的用户，沉淀为粉丝

前面已经说过，用户观看视频后发表评论，表示其认可、不认可或者对该视频存在疑问。无论用户的评论属于哪一类，你要做的是积极回复，把这些评论视频的用户转化为粉丝。我的经验是回复粉丝评论时除了答疑解惑，尽量用一些疑问句，这样可以吸引粉丝互动。互动得多了，抖音平台会抓取到账号的互动率，从而提高你的推荐权重。

2）抓住小众目标用户，开发高忠诚度粉丝

如果运营抖音账号时不知道要做什么内容，可以从抓住小众目标群体出发。小众目标群体虽然粉丝量没有那么大，但是忠诚度却极高。比如有个叫"穷游中国"的抖音号，以用较少的钱游览祖国的大好河

山为主要内容，吸引的用户大多是没有经济收入的学生、经济收入较低却非常喜欢旅行的人等，这些人在经常旅游的人中虽然占少数，但凝聚在一起也能成为比较大的一个量级。内容制作得再精致一些，这些人难得找到这么合适的账号，便会持续关注，成为较高忠诚度的粉丝。

总而言之，我们在制作视频时要想法设法抓住自己的目标用户，然后提升质量，与各种热点相结合，吸引更多的同类用户关注，一步步积累粉丝。

❷ 第二阶段：粉丝 1 万—10 万阶段

这一阶段的运营重点可以浓缩为八个字：注重内容，传递价值。

在这一阶段，决定你的抖音账号能否成功吸粉的一个关键指标便是你的账号是否能源源不断地输出有价值的优质内容，是否能给用户带去更优越的视觉体验，以及你的短视频内容所传递的价值是否符合用户的预期，能否让用户产生共鸣并引发他们的思考。

只有做到了定时、定量、持续更新，养成用户按时点击观看的习惯，传递出用户所需的价值，那么，用户的黏性和依赖性才会有所增加。

❸ 第三阶段：粉丝 10 万以上阶段

这一阶段的运营重点可以概括为八个字：注重整体，注意红线。

当你的抖音粉丝量达到 10 万以上级别，那么恭喜你，你已经成为一名名副其实的抖音"大 V"。

此时，随着粉丝量的持续增加和逐渐稳定，你运营抖音的策略也应该从注重内容、传递价值慢慢向注重整体，注意红线转变。因为到了这一阶段，你的视频内容已经基本通过了"市场检验"，内容方面是完全没有问题的。那么，此时你的运营重点就应该在保证内容质量，并在持续输出的前提下，不断去提高账号的整体水平。

具体来说，就是要清理过去粗制滥造以及点击、点赞、转发、评论等较少的视频内容，给用户营造一种账号内容优质、用户认可度高的感觉，同时要注意规避抖音的敏感词，避免出现过激言论，避免触碰抖音红线，以免给账号带来不可估量的损失。

三、学会几种实用的"懒人式"引流玩法

有了以上理论和运营技巧做支撑后，相信我们运营抖音就会变得轻松很多。而在现实的抖音运营过程中，有人可能又会产生新的疑问，那就是对于一无经验、二无创意的普通抖音运营者而言，有没有一种不需要大费周章想创意、练技巧就能成功吸粉的方法呢？

那么接下来，我就将为大家介绍三种简便、常见的"懒人式"抖音玩法。

❶ 图文式抖音玩法

图文式抖音玩法就是将准备好的图片素材与文字素材结合起来，制作成抖音短视频。我们先来通过一个案例详细了解一下这种简便易操作的抖音玩法。

【成功案例："育儿指南"擅用图文结合直击粉丝痛点】

抖音上有个名为"育儿指南"的账号，很擅长运用简单、精悍的图文方式来直击粉丝痛点，激发粉丝继续观看视频的欲望。比如其中一期，如图 5－14 所示，"育儿指南"先是用首图开门见山地表达了主题——"害

苦了孩子一生的 4 种妈妈"，言辞犀利，直戳人心。接下来用 4 张贴合主题的图文内容来细化主题，每一张图片介绍一种害苦孩子一生的妈妈，主题明确，标题显眼，正文贴题，图片精美，让大家简单明了地了解内容，并让这些内容直击人心，从而促成用户的点赞和转发。

图 5 - 14 "害苦孩子一生的 4 种妈妈"抖音视频截图

经过实践检验，"育儿指南"这种图文结合的方法很吸引粉丝，是值得推荐的。不过当我们在采用这种方式制作抖音短视频的时候，还需要注意以下三点：

1) 文字叙述应简单、精悍

抖音短视频的时长较短，加上图片是自动翻页播放的，用户无法自己翻页、无法暂停，所以如果图片上文字较多，用户很难看完，久而久之会失去观看的耐心，进而影响账号关注度。因此文字叙述要简单、精悍，方便用户观看。

2) 图片数量控制在 6 ~ 7 张

抖音短视频的时长一般为 15 秒，如果图片数量过多，翻页速度会随之加快，影响用户观看。所以在制作图文式短视频时图片数量千万不要超过 9 张，最好控制在 6 ~ 7 张。这样的张数经过检验，速度适中，不会让粉丝产生眼花缭乱的感觉，利于粉丝有效接收信息。

3) 慎重选择首图

首图作为用户看到短视频的第一印象，相当于短视频的"脸面"，在这个"看脸"的时代，"脸"好看自然吸引的人就多，等用户点击进去看，就有机会获得点赞、转发和评论。所以制作短视频时首图一定要慎重选择，最好抓人眼球。

❷ 对话式抖音玩法

人类的好奇心与生俱来，随之产生的便是"偷窥欲"。对话式抖音玩法正是利用了人们的好奇心和偷窥欲，展现对话式聊天记录的一种玩法。这种玩法非常简单，就是把 QQ、微信、短信等即时通讯应用的聊天记录截图，或者是用录制工具把聊天记录录制下来，做成图文式短视频。

这种玩法虽然简单，在实际的操作中，也要注意以下两点（见图 5 – 15），不然达不到吸粉的效果。

要控制时长，对话式
的内容长短要与抖音
15秒的时间相符。

内容要自然。否则看
起来很假，太过拙劣
的表演，粉丝是没有
观看欲望的。

图 5 – 15　设计对话式的内容时需要注意的事项

❸ 人物式抖音玩法

众所周知，抖音有推荐算法，在对推荐算法进行研究时，我们发现有真人出镜的短视频更容易获得抖音平台的推荐。有真人出镜的短视频就是人物式抖音玩法。

在制作人物式抖音时，我们可以先在网上寻找一段好素材，构想内容，然后约上三五好友，形象生动地把素材内容呈现出来。只要制作得比较新颖、有趣、精致，便能吸引大量粉丝。比如我们之前所说的"食堂夜话"，有餐厅老板"黑哥"，也有形形色色、来自五湖四海的食客，他们之间通过谈话，向我们传递了一个又一个引发共鸣的故事。

以上就是目前抖音上比较常见的"懒人式"经典玩法，经过市场检验，吸粉效果不错。按照文中所说的方法，不需要绞尽脑汁想创意，也能吸引粉丝。

5.4　互动涨粉：让你快速吸粉的不二选择

在众多的短视频 App 中，抖音无疑是最流行的。而作为一位后来居上者，抖音之所以能做到奋起直追、扛起短视频行业的半壁江山，除了其自身强大的吸粉能力之外，还有一个重要的因素就是它有很强的社交属性，用户间能进行及时互动。

而抖音的这一区别于其他短视频平台的特别之处也为广大的抖音运营者提供了一个快速吸粉的重要途径：互动性突围，让粉丝嗨起来。

当然，互动也是有技巧的，否则就会适得其反。我们都知道，在抖音平台，最能体现出互动性的就是抖音直播，那么首先，我就将以抖音直播为例，和大家共同来聊一聊抖音直播互动吸粉的四大原则。

一、直播吸粉的四大原则

❶ 具有丰富的表情

靠《知否》大火的朱一龙第一次在抖音开直播的时候，不仅不开美颜、说话慢半拍，而且表情也特别僵硬，还经常冷场不说话，粉丝留言后他也没有及时回复和互动。后来谈起那次直播，他自己也说，连老妈都吐槽。

但是同为流量明星的白宇在进行抖音直播的时候表情就特别丰富，他经常在直播时各种搞怪，甚至模仿印度神曲《新娘嫁人了新郎不是我》。粉丝的要求他都尽量满足，也正是因为这样，他在抖音收获了无数粉丝。

从这两个抖音直播案例的对比中，我们就可以看出表情丰富对于抖音互动的重要性。

要知道，如今抖音上的用户绝大多数都是拥有"有趣灵魂"的年轻人，所以具有同样属性的抖音互动更容易引起他们的好感。而要做到这一点就要求我们在与粉丝进行互动的时候，一定要让自己的表情动作尽量丰富、生动，多做一些小手势、小动作等，这些小细节不仅可以刺激感官，而且能有效拉近我们与粉丝之间的距离。

❷ 多点名感谢

在进行抖音直播的过程中，有的粉丝为了表达对主播的喜欢会主动刷礼物，或者送上赞美。此时，主播如果主动向粉丝表达感谢，那么粉丝就会加深对主播的好感。特别是那些被主播点名感谢的粉丝，他们的黏性往往会更高。

当然，当没有粉丝送礼物或表示夸赞的时候，我们也千万不要表现出不良情绪，这样会导致粉丝反感并大量流失。此时，我们应该运用一些委婉的暗示，比如"我今天拍了个好玩的视频，大家觉得怎么样啊？"，这样一暗示，就可以提高粉丝的评论积极性。

❸ 培养幽默感

要拉近与陌生人的距离，最有力的方式之一就是幽默感。生活中，相信大部分人都很难拒绝有幽默感的人。因此，抖音主播可以在评论区、直播和私聊中运用幽默感，使粉丝在互动中保持愉悦的心情，从而获取更长久的关注。

如果抖音主播本身不是幽默搞怪的人，则可以提前准备，搜集热门的搞笑段子，建立段子库。在与粉丝互动的过程中，可以挑选出觉得最适合的段子与粉丝互动，有效增进与粉丝的感情。但是主播在讲段子时，一定要清晰自然，如果说完后粉丝一头雾水会适得其反。

❹ 分享自己的生活和经历

在做抖音直播的时候，有的主播经常会分享自己的生活和经历，这样做的好处是能迅速拉近粉丝与自己之间的距离，形成一种亲近感。

而靠着这招，这些主播也成功获得了众多粉丝的追捧。

这也告诉了我们，在做抖音互动的时候，我们一定要明确一个观念，那就是越是生活化的东西，别人越容易接受，适当地多讲一些自己的亲身经历和实际感受，分享一些自己的生活，粉丝会觉得我们更真实，也更愿意信任并接近我们。

二、抖音互动的四大注意事项

作为抖音运营者，当我们在与粉丝进行互动的时候，需要注意以下事项。

❶ 互动时发起讨论和投票

讨论和投票等方式能够增强粉丝的参与感，抖音运营者还可以借此了解粉丝的真实想法和需求，从而改进不足，吸引更多的粉丝，增加粉丝的黏性。

❷ 视频结尾提问，留下悬念

抖音运营者可以在每个短视频结尾提一个小问题，在下一个短视频中给出答案，利用悬念留住粉丝，从而吸引更多的粉丝关注。

❸ 面对恶意言论要保持情绪稳定

在运营中，避免不了被用户质疑或者有人口出恶言。面对这种情况，运营者要理性对待，不要轻易动怒。在不良情绪的控制下，人的行为很可能会偏激，由此而生的一些言论和行为会引起更多粉丝的不满，造成粉丝流失。

❹ 及时回复评论，做好评论分级

抖音运营者如果给粉丝留下问题，较为活跃的粉丝会有所回应，对此运营者要及时回复评论并留言，让粉丝感觉到被重视，同时还可以激活评论区的氛围。

抖音运营者在回复评论时要保持良好的语气，风格统一，或者形成专属讨论。如果粉丝评论较多，要掌握好顺序，根据优先级进行回复，优先级如图 5 – 16 所示：

图 5 – 16　重点评论的优先级

三、实用的抖音互动技巧

抖音运营者与粉丝的互动方式主要有提问和回答、话题讨论、征集意见、观点辩论、发起投票、有奖竞答等。不同的互动方式有不同的操作方法，起到的作用也不尽相同。尽管互动的方式有很多，但是如果不能合理选择，或者没有掌握技巧，也发挥不了它的威力。

接下来将和大家分享抖音实用互动技巧，以便抖音运营者提升互动效果。

❶ 讨论带热度、有争议话题发起粉丝讨论

在和粉丝的互动中，如果能让粉丝产生激烈的讨论往往更能增加热度。而通常能引发粉丝热烈讨论的话题都是有争议性的话题。

那么，什么样的话题才算有争议呢？可以简单概括为"公说公有理，婆说婆有理"的话题，最典型的特征是从两个或多个方面分析都有其道理。

抖音视频账号在抛出话题后，要能够引起用户的思考，当他们在评论区看到与自己相同的观点时会去交流；当他们看到与自己不同的观点会去反驳。粉丝与粉丝之间的话题讨论，粉丝与运营者之间的互动，都能带动短视频热度，吸引更多用户加入。

❷ 短视频创作遇到瓶颈，向粉丝征集话题

一个人的能力和精力有限，抖音创作者也可能遇到没有创意的情况。在创作处于瓶颈时，可以向粉丝请教，在抖音账号下发起话题征集活动，让粉丝表达自己的看法以及想要看的内容。如此不仅是对粉丝做调查，了解他们的兴趣点，促使他们关注下一期视频，还可以让粉丝有认同感和参与感。

❸ 向粉丝征集短视频，使得视频多样化

为了扩大短视频的覆盖面，让视频多样化、更吸引人，可以向粉丝征集短视频，获取更多的短视频内容，促使粉丝更加活跃。

抖音账号可以选择贴近粉丝生活的主题，展开征集活动，让有想法、有能力的粉丝制作视频。在制作过程中，粉丝会对抖音创作者更加了解和认可，也可以为抖音账号带来更多粉丝，增加其影响力。

❹ 由视频转向幕后，巧妙回复评论

抖音视频的运营不只是通过单纯的视频内容吸引粉丝，还要让粉丝了解背后的创作者和团队。为此，抖音短视频运营者要多和粉丝互动，使其在认同视频内容的基础上，逐渐认可幕后工作人员，提升粉丝的忠实度。

运营者可能没有足够的时间和精力一一回复粉丝评论，可以挑选有代表性的言论进行回复。此外，创作者可以拍摄一期视频，专门回复粉丝的问题，增强与粉丝互动的效果。

第 6 章

最快引流法：
让你的粉丝尖叫、
裂变、倍增

抖音的巨大变现能力是有目共睹的，也正是基于此，许多人才纷纷走上了抖音运营的道路，希望通过抖音去实现流量变现的目的。然而，理想很丰满，现实很骨感。想要实现变现，前提是抖音账号要有巨大的流量，但真正掌握引流秘诀的人却并不多。在本章，我们将从最快引流法入手，手把手教您快速收获抖音流量的技巧与方法。

6.1 "通关"法：8 种玩法让你的抖音账号流量倍增

在清楚地了解了抖音的流量价值和带货能力后，尤其是在 2018 年 3 月抖音正式开启品牌主页蓝 V 认证后，已有越来越多的品牌加入到抖音营销的阵营中，并逐渐加大对抖音营销的重视力度，比如我们都很熟悉的小米、携程等，就连一向高冷的香奈儿也在不久前通过抖音连续推出了 12 支竖屏腕表广告。

作为短视频领域的领跑者，抖音已凭借自己强大的优势成为新崛起的流量池。然而，尽管抖音营销如今已进入了如火如荼的状态，但它自身的不可控性也是非常明显的。

在进行抖音营销的过程中，许多品牌也没有摆脱传统营销思路，仍然选择了按照老一套的电视商业广告模式拍大片或者是简单粗暴地随大流找网红代言。这些或过时或肤浅的营销手法，显然是难以达到理想推广效果的。

那么，在如今"两微一抖"逐渐成为各大品牌标配营销手段的情况下，应该怎样提高抖音流量转化率、充分发挥抖音的带货能力呢？下面，我将为大家介绍 8 种抖音营销"通关"法则。掌握了这些方法，相信你也可以做到让你的抖音账号流量倍增。

一、大号推小号，引起关注

用大号推小号引流，是朋友圈、微博里常用的方法。把这种方法运用到抖音引流上也同样适合。具体来说，在用大号推小号时，我们可以采用以下几种方法：

- 在抖音视频里@小号；
- 在大号的抖音主页的"介绍栏"里写上小号；
- 大号关注小号；
- 大号给小号点赞，让小号出现在大号的喜欢里；
- 大号与小号之间互相评论。

需要注意的是，当我们在采用大号推小号的方法引流时，我们所选择的小号必须要与大号有关联。比如，如果你大号的内容是推广时尚讯息的，那么你推的小号也一定是与时尚有关的，比如衣服搭配等。

【成功案例："小金刚"用大号带小号成功引流】

在抖音主页里搜索"小金刚"，进入其主页后，我们可以看到他发布的内容都是与家庭生活息息相关的。由此可见，他的内容定位是"家庭生活"。翻看他的内容列表，几乎每一个视频的点赞量都在 5 万以上。如图 6 – 1 所示。

最重要的是，当我们随意打开"小金刚"的任何一个抖音内容，就会发现他发布每一条抖音内容都@了小号，比如@可爱的金刚嫂、@金刚爸、@金刚妈、@万万学姐（老婆的闺蜜）。如图 6 – 2 所示。

图6-1 "小金刚"抖音主页示意

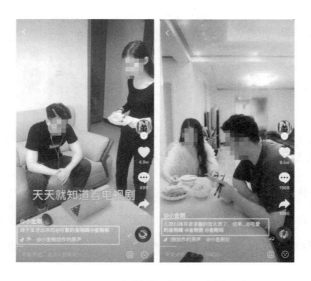

图6-2 "小金刚"视频@小号示意

"小金刚"每一个小号的粉丝都不少。其中"可爱的金刚嫂"粉丝173.3万；金刚爸"的粉丝150.3万；"万万学姐"的粉丝50.5万；"金刚妈"粉丝7.7万，如图6-3所示。

图 6-3 "小金刚"的四个小号主页图

当我们点开"小金刚"@的这四个小号的任意一个抖音视频，会发现其内容与"小金刚"如出一辙，定位仍然是"家庭生活"。很明显，"小金刚"作为大号利用其700多万粉丝来推广自己的小号，来达到引流的目的。

通过"小金刚"的案例，我们可以看出大号推小号的引流方法是十分有效的，不仅可以为小号引流，吸粉，还可以组建自己的抖音号矩阵，扩大影响力，是值得抖商创业者借鉴学习的。

二、发起挑战

抖音给企业提供的营销模式很特别，即"挑战"类活动。什么是"挑战"类活动呢？即号召抖音用户用唱歌的形式（或其他形式）参加短视频比赛，以达到打响企业知名度、传播企业品牌、加深用户印象等目的。

因为抖音短视频的拍摄方式较为特殊，所以每当出现一个有趣或好听的背景音乐，或者出现一个点赞量超多的趣味视频，就会引来无数抖音用户争相模仿,从而带火话题。

抖音平台每天都会发起不同的主题挑战,这些挑战会结合热门短视频与时下新闻热点。这么做既可以带动用户的创作欲,也可以利用热点进行内容传播。并且活动入口便捷易找,用户直接在视频中点击话题按钮就能跳转至活动页面。除此以外,用户也可以点击"发现",根据里面的热搜内容跳转活动页面。

总而言之,抖音平台之所以选择发起挑战这个营销模式,就是为了给用户带来更好的使用体验。而抖音用户会将拍摄出的短视频转给自己的亲朋好友看,这在无形之中也带动了品牌的宣传效果,可以说是"一箭双雕"了。

需要注意的是,挑战赛是不是能迅速火起来,而这主要看两点:1、低门槛,起点容易,用户才容易模仿,玩的人多了才能触发裂变效应;2、内容够精彩、有趣,才能给用户留下深刻的印象。

【成功案例:方特联合抖音发起挑战,引爆千万点赞+线下主题狂欢夜导流】

在2018年暑假,华强方特乐园联合抖音推出了"乐园还能这么玩"的挑战比赛,这个比赛集合了抖音话题、音乐、定制化贴纸、热搜banner、开屏、达人等流量资源,上线不久就取得了"4800万点赞评论量、16.3亿次总播放量"的好成绩(如图6-4所示)。

挑战赛借助了抖音红人的粉丝效应,通过用网红达人带动了很多用户产生了裂变式的内容生成,迅速将话题推上了热门。与此同时,抖音平台还借助人工智能技术特别定制了三款妙趣贴纸,它们分别是:外星精灵效果贴纸、年龄识别效果贴纸、魔法穿梭效果贴纸。这个操作使主题乐园的品牌元素和用户互动紧密联系在一起,使用户对品牌产生好印象。

图 6－4　方特旅游 16.3 亿次总播放量的首页截图

三、喜剧视频

因为抖音的用户大多数都是年轻人，所以我们要从年轻人的角度出发，以新颖的形式吸引年轻人的注意力。由于抖音的拍摄模式多变，它可以采用分镜头拍摄，而且也不需要另外的剪辑软件剪辑，所以拍摄难度并不大，非常适合上班族拍摄。

比如抖音里有个爱拍短剧的办公室白领，一有空闲时间就会跟同事一起拍摄搞笑的视频。偶尔还会把自己公司的产品拿出来吐槽，逗得无数粉丝哈哈大笑，这让用户在看视频的同时也加深了对这个产品的印象。

在这一点上，抖音大咖"陈翔六点半"就为我们做出了很好的示范。

【成功案例：以搞笑取胜的"陈翔六点半"】

"陈翔六点半"（见图6-5）是深受抖友们喜爱的喜剧类抖音大咖，它的定位是生活题材系列短视频剧，涵盖了喜剧、爱情、悬疑、古装等多种元素。

图6-5 "陈翔六点半"抖音账号

翻阅"陈翔六点半"的抖音账号，我们可以发现其抖音平台上的每一条抖音视频都具有共同的特征，那就是通过接地气且极具戏剧性的表演方式，达到让抖友捧腹一笑的效果。并且，这种搞笑风格并不同于当下流行的"无厘头"风格，在搞笑过后，还能引人思考、回味。

搞笑的内容加上生活化的呈现方式以及精湛的表演，也让"陈翔六点半"收获了3704万的抖音粉丝，获赞2.8亿，成为当之无愧的流量赢家。

四、教程视频

都说抖音人才众多，每天都能学到生活小技能。而对于很多品牌商来说，他们思考最多的就是怎样把视频拍的有趣、实用，让用户看后过目不忘。

下面，我们就一起来看一下通过教学视频成功引流的典型案例。

【成功案例："秋叶 Excel"靠 Excel 吸粉 564 万】

"秋叶 Excel"是抖音上专门教授"Excel"实用技巧的抖音账号，凭借着专业性和实用性，该账号的每一条抖音短视频都有不错的观看量和点赞量。其中，"复制粘贴创意图表""PDF 转 Excel"等教学视频更是点赞过万。

大家都知道，"Excel"在日常生活和工作中是一款使用非常普遍的办公软件，尤其是对于那些初入职场的年轻人或者需要与"Excel"经常打交道的人而言，掌握简单实用的"Excel"使用技巧就显得尤为重要。而"秋叶 Excel"之所以能够成功吸粉，靠的就是它有干货、能让人真正学到东西（如图 6-6 所示）。

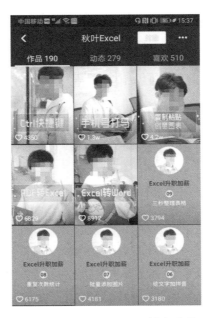

图 6-6 "秋叶 Excel"抖音账号

五、建立品牌人设

为什么要建立品牌人设呢？因为这样做可以使品牌变得更加立体，从而更能吸引用户群体，也能迅速增加粉丝黏性。抖音也不例外，为了打造强大吸粉功能的蓝 V 账号，就必须给账号打造专属人设，走统一风格的路线。

具体来讲，抖音运营者在树立品牌人设的过程中，还得参考品牌抖音账号的运营逻辑，其具体流程如下：

* 先了解品牌客户需求，再根据客户需求设置账号定位，选定账号人设及视频内容主线。
* 制作优质的视频内容，确定目标用户，提升用户黏性；
* 继续用品牌账号发布优质内容，持续吸引目标用户，最后形成抖音自带的粉丝流量池。

在这方面，茵曼就为我们做出了很好的示范。

【成功案例：通过建立品牌风格　茵曼成功获赞 592 万】

茵曼是一个主打清新小资的服装品牌，它的风格似乎和抖音格格不入，因为抖音用户大都偏爱时尚风格。

但茵曼的清新风格却在抖音里运营得非常成功。截至 2019 年 5 月，它已收获粉丝 67.6 万，获得点赞 282.5 万，其中一个服装视频获得 125.6 万人点赞，11.7 万人转发，可谓战果累累（如图 6 - 7 所示）。

图 6 - 7　茵曼抖音账号

能在如此短时间里有如此大的粉丝增量，茵曼究竟是怎样做到的呢？

其实方法并不难，品牌方在抖音运营的过程中非常有自己的个性，并没有为了播放量就放弃自己品牌独有的风格，依旧按照自己品牌风格一条路走到底。为此，他们专门邀请了模特建立服饰搭配师的人设，以分享穿搭为主题内容，给粉丝分享衣服的搭配技巧。总的来看，茵曼选择了跟自己品牌相近的清新风格为主基调。

正是因为完美地建立了自己的品牌风格，茵曼才成功将自己打造成爆款。

六、制作互动贴纸

抖音平台还为商家提供了定制创意贴纸服务，即用户在拍摄抖音视频时，可以在贴纸栏下载品牌定制的抖音贴纸。如 2D 前景贴纸、2D 脸部挂件贴纸等。这样，用户既能参与到互动活动中，又能减少对广告的反感情绪。

用户在使用完创意贴纸后会上传到社交媒体，这样无异于品牌营销的二次传播，用户在向外界分享的同时也能提高对品牌的好感与信任。

比如苏宁在春节期间推出的膨胀红包贴纸，这使很多用户都感受到了节日的气氛。据统计，春节期间有15万人使用该贴纸，这是截至目前效果最好的贴纸活动。

另外，还有一个效果不错的贴纸案例——必胜客元素贴纸。必胜客以前策划了一个"DOU出黑，才够WOW"的贴纸活动，用户在参与挑战视频的同时，又能将必胜客元素贴纸插入视频中，使视频内容变得相当有趣。

七、流量明星效应型

大家都知道，明星的粉丝量是最多的，所以很多企业品牌为宣传旗下产品都会找明星来代言。而通过抖音平台与明星合作成了最吸引用户眼球的传播方式之一。

2019年开春，阿迪达斯就将旗下品牌adidas neo入驻抖音。2019年3月，阿迪达斯正式宣布和抖音官方合作。仅仅一个月时间，adidas neo在抖音就拥有了百万粉丝，视频播放量共计1.5亿，并获得280万互动量（包含关注＋点赞＋评论）。

很多人大概都不解这些互动量从何而来。其实很简单，和adidas neo账号签约的都是现在的顶级流量明星，只要这些流量明星和用户进行互动就会引来热搜，使品牌商在短时间内获得千万人关注，从而带动产品销量。但流量明星的代言费较高，并非是每一个商家都能承担的。

八、制造传播热点型

抖音的用户互动率非常高，所以非常适合营销活动的扩散与传播。

关于这一点最典型的案例是由中国国家博物馆与六家地方博物馆联合抖音一起推出的"第一届文物戏精大会"H5。

众所周知，5月18日是国际博物馆日，而文物保护又是近几年人们普遍关心的热点话题。于是，在2018年5月18日，抖音和七大博物馆联合以"文物戏精大会"为主题推出了H5，当点开H5连接进入之后，就能看到博物馆的文物集体"活"过来了，他们栩栩如生的谈天说笑，俨然一个个"段子手"，哄得大家哈哈大笑，一时间火爆全网。

与此同时，七大博物馆也用各自的抖音账号发起了"嗯，奇妙博物馆"的挑战活动，在该H5的页面最后，展示了参加这支H5的七大博物馆，点击"下一部戏我来导"，就会出现提示"打开抖音搜索#嗯~奇妙博物馆#"。

据统计，有将近6万人参与了此次挑战活动。联合抖音推出此次活动的七大博物馆也借此机会涨粉无数（见图6-8）。

图6-8 "中国博物馆"发起"嗯，奇妙博物馆"挑战活动

以上是为大家提供的 8 种抖音新玩法，现在只要掌握了这些方法，你也能够玩转抖音，制作出受欢迎的视频内容，并通过内容成功引流。

6.2 矩阵法： 打造一个能相互引流的抖音矩阵

很多品牌如今都引入了矩阵营销，并取得了不错的成效。那么，在运营抖音的过程中，运营者也可以借鉴这种方法，通过打造一个能相互引流的抖音矩阵，去实现快速引流的目标。

一、何为抖音矩阵？

所谓的抖音矩阵是指同一公司或同一运营者拥有多个抖音账号，并且每个账号所推广的产品不同或者侧重点不同，账号与账号之间建立连接，通过横向的运营策划互相引流，打通粉丝，提升商业价值。

下面，就让我们通过一个成功案例，一起来深入而直观地了解一下什么是抖音矩阵。

【成功案例：导购网站通过打造抖音矩阵成功引流 500 万＋】

知名导购网站"什么值得买"迅速在抖音平台上崛起，被更多的人熟知，正是因为它打造了一个能互相引流的抖音矩阵。

2018 年 3 月开始，"什么值得买"进驻抖音，开始在抖音平台上发布内容。根据不完全统计数据，测评开箱导购类"什么值得买"、美食测评导购"吃喝冒险王"、旅游攻略类"城市不麋鹿"，这几个高粉丝流量账号都是其抖音矩阵成员，总粉丝量超过 530 万（如图 6 - 9 所示）。

图 6 − 9　"什么值得买"抖音矩阵三大账号

除上述三大账号，该团队还拥有许多抖音小号和抖音网红运营者。时尚博主"Simon 是超人"就是其中一员。自 2018 年 7 月开始创作抖音短视频，到目前为止该账号拥有 24.4 万的粉丝量，其视频获赞量超过 90 万。此外不同消费领域的抖音矩阵账号还有水果挑选达人"何小囡"、旅游类"纪叔一人游"等。

"什么值得买"抖音矩阵最大的优点是：每个抖音账号定位方向精准，带货属性明确，商业空间很大，而且视频内容的广告软植入符合消费者心理，有较高的电商转化率。同时，其细分化领域不断复制其成功模式，账号带账号，账号间的点赞和关注实现了互动引流，提升了变现能力。而且该团队还布局了 MCN（Multi-Channel Network，多频道网络）业务，签约孵化不同领域达人，使抖音矩阵快速扩大。

该抖音矩阵通过对自己内容栏目的精准定位，广泛吸引了目标用户，又在更细分化的领域复制这一成功模式。矩阵账号之间通过点赞、关注进行互动引流变现。最终，商业布局不断扩大。

二、抖音矩阵的类型

如今，建立账号矩阵是抖音运营的大势所趋，很多企业、品牌、品牌商都在抖音上开拓了自己的账号矩阵。归纳起来，目前比较流行的抖音矩阵主要有以下四种类型。

❶ 1 + N 矩阵模式

1 + N 矩阵为建立产品线主导账号矩阵，由 1 个主账号和 N 个子账号构成完整的宣传体系，适用于品牌构成、产品结构较为简单的企业。此矩阵模式能够强化产品卖点，给粉丝留下鲜明的产品特色，能够准确吸引目标受众。

较为经典的就是"重庆旅游"抖音矩阵（见图 6 – 10），该矩阵由主账号"重庆旅游"，子账号"平安重庆""发现重庆""重庆航空""重庆美食"等构成，主要宣传重庆的美食、美景以及各种资讯。

详情如图所示：

图 6 – 10　重庆旅游抖音 1 + N 矩阵模式

❷ 蒲公英矩阵模式

蒲公英矩阵指一个官方账号传播信息后，其他多个账号进行转发，再以其他账号为中心进行扩散，适用于旗下品牌较多的企业。

需要注意的是，母企业核心账号统一管理多个账号，但是核心账号不能过多干涉子账号，影响子账号运作。同时，子品牌或业务线的目标粉丝既要有特性又要有共性。

例如，京东的抖音矩阵就是蒲公英矩阵模式，主账号为"京东"，子账号有京东金融、京东手机、京东客服、京东图书文娱、京东物流、京东家居、京东超市、京东白条、京东家电情报员、京东生鲜、京东品牌、数科、京东家居生活等。尽管核心账号不会干涉子账号操作，除全国统一宣传外，子账号自行发布与定位相符合的视频内容。

详情如图 6 – 11 所示：

图 6 – 11　京东抖音蒲公英矩阵模式

❸ HUB 矩阵模式

HUB 矩阵指由一个核心账号领导其他子账号，子账号间关系平等，核心账号将信息放射向各个子账号，子账号间信息互不交涉。该模式多出现于分公司和集团分隔比较明显的企业营销策略中。

万达的抖音矩阵就是 HUB 模式，其主账号为"万达"，子账号有万达电影、万达集团、上海万达影城、合肥万达乐园、北京万达广场等，主账号"万达"单线对这些子账号分别发送信息。比如，当"万达"对"万达电影"单线发送信息的时候，其他子账号是不接收该信息的。

详情如图 6 – 12 所示：

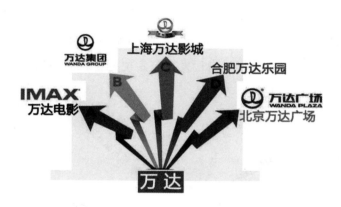

图 6 – 12　万达抖音 HUB 矩阵模式

HUB 矩阵模式运作要注意以下两点：（1）账号可以开展本地服务，吸引更多本地粉丝，与全国类账号内容和功能上形成互补；（2）账号间从内容选择、粉丝覆盖上要做出差异性，形成地域差异化。

❹ A + B 矩阵模式

A + B 矩阵由一个形象抖音账号和一个业务抖音账号组成，是以品牌形象塑造、维护为目的抖音矩阵。

该矩阵模式在营销方面的作用表现为：（1）一正一辅，两个账号同时发力。不过各账号定位要清晰，避免信息混乱；（2）一硬一软，硬指硬广告，直接在账号上给品牌或产品打广告；软指软植入，通过情景演绎或模仿热点视频插入广告信息。

当当网建立的抖音矩阵就是典型的"A + B"矩阵模式：形象抖音

账号为"当当网"负责主推当当网品牌；业务抖音账号为"当当图书"，主推当当图书的信息。

三、抖音矩阵管理 PRAC 理论

作为抖音运营者，我们又该如何去打造自己的抖音矩阵，实现成功引流呢？

其实，抖音矩阵的思维主要来自于企业资源整合营销 PRAC 理论，包括 Platform（平台管理）、Relationship（关系管理）、Action（行为管理）、Crisis（风险管理）四个关键点（如图 6 – 13 所示）。

下面，我就从这四个关键点出发，为大家详细讲解运营抖音矩阵的技巧和方法。

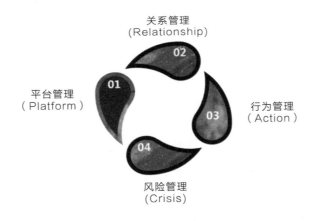

图 6 – 13　PRAC 法则

● 平台管理（Platform）

因为抖音矩阵中拥有多个账号，为防止各账号间角色混乱，或者自说自话，必须有一个主账号负责领导、管理各账号的角色扮演。其他账号则作为推广或者客服账号，服务于矩阵主账号。

- 关系管理（Relationship）

抖音各账号间进行良性互动，"动"起来才能发挥矩阵的最大效果。但是许多抖音矩阵在运营过程中都存在这样的问题，各账号自娱自乐，彼此之间没有互动，不注重各账号的关系管理。如此一来，矩阵的引流作用和助推主账号的作用都没有发挥出来，造成了资源的浪费。

- 行为管理（Action）

矩阵的行为管理主要有吸引流量、产品营销、品牌推广等，各个抖音运营者都要涉及这些内容，而且需要团队进行有效管理和运营操作。

- 风险管理（Crisis）

抖音矩阵运营也存在一定的风险，其主要风险来源于内容风险和粉丝言论，如果内容出现违规，或粉丝有很大的不满情绪，账号就有了危机。而一个账号出现危机，其他的账号也可能被牵连。因此，运营者要做到严格审核内容，及时引导舆论，对粉丝的不良情绪进行疏导，及时处理粉丝的不满言论，及时处理危机，避免危机进一步扩大。

四、抖音矩阵运营存在的问题

因为影响因素过多，所以许多品牌旗下抖音账号质量参差不齐是很难避免的。有些账号拥有较大粉丝群，且粉丝活跃度高；有些账号则只有几十个、几百个粉丝，价值较低。因此，对于抖音团队或者运营者而言，抖音账号并非愈多愈好，而且不是所有商业业态都适合做矩阵。

抖音矩阵在实操过程中容易出现以下四个问题：

❶ 信息更新较慢，账号被荒废

有些抖音矩阵账号存在更新过慢的问题。究其原因，主要是没有专人管理，除了主账号，其他账号无专人打理。甚至有些运营者的主账号运作频繁，小号一个月只更新一两条，基本处于"休克"状态。抖音账号的最大优势就是快速登上热点，如果更新较慢，就完全荒废了此长处，账号的存在也就没有了意义。

❷ 定位过窄，受众用户较少

有些抖音矩阵还存在定位过窄问题，对受众的定位为某一个或几个固定群体，视频信息营养不够，以至于关注度不断下降。对此，抖音矩阵各运营者要进行明确的定位，在此基础上提供更多、更全面的视频信息。

❸ 宣传形式单一，没有创意

部分抖音账号的视频内容质量较低，只是简单复制热点内容，而且表现形式千篇一律，缺少创意，不注重与粉丝的互动，从而导致抖音矩阵资源的浪费。

❹ 工作量大，缺乏舆论监督管理

由于互联网信息的高度开放性，抖音账号可能会面临一些负面舆论。抖音账号运营者没能及时监督和管理，对粉丝舆论进行引导。同时，抖音矩阵的管理需要更多精力和时间投入，单打独斗对抖音矩阵深入、有序、持续的发展是极为不利的。

五、抖音矩阵运营注意事项

在打造抖音矩阵的时候，还要注意以下问题。

❶ 各个抖音账号要有清晰的定位

抖音矩阵作为一个团队，每个抖音账号都要有自己明确的定位。只有在特定的系统环境下找准自己的方向，账号才能在团队中有不可替代的地位。各抖音账号在发展过程中要按照角色定位进行规划。

抖音矩阵中每个账号的特点和作用不同，其角色的发挥对矩阵团队有着引流的重要作用。因此，抖音矩阵在做顶层设计时，就要进行定位。

例如，西安市开通的各种官方账号，总体是为西安旅游发展委员会服务的，其他账号的作用就是打造西安好形象，给"西安旅游"引流。一个城市要吸引游客，不只要靠美景，也要靠美食。抖音账号"吃在西安"扮演的就是引流者角色，拍摄各种西安美食吸引粉丝，让粉丝通过美食去了解西安，达到促使粉丝去西安旅游的目的。

❷ 矩阵内的账号风格要一致

在抖音矩阵运营过程中，品牌商和运营者要注意矩阵内账号不能太杂、过于混乱，风格必须保持一致，不能相差太多。同时，运营者要仔细斟酌抖音视频的内容，创作要足够吸引用户，以便吸引更多的粉丝。

❸ 子账号要找准目标人群

抖音矩阵的每个子账号具有两个身份：第一，独立者，自己是一个能产生价值的账号；第二，助力者，帮助主账号实现引流的目的。因此，矩阵中的子账号在运营过程中应当找准目标人群，根据目标人群进行准确定位。

总而言之，现如今抖音运营应更加注重团队协作，运营者要有效利用抖音矩阵的优势，使各个抖音账号稳步向前，取得更大的发展。

6.3 评论区引流法：话术一定要特别

在刷抖音的过程中，不知道大家是否也和我有一样的习惯，当看到一条有意思的短视频的时候，偶尔也会习惯性地去翻一下这条短视频下面的评论。有时候，评论本身可能会比短视频本身更天马行空、脑洞大开。而如果看到了某个用户的评论很有意思，便会顺着这条评论点开该用户的抖音账号。

大多数用户在刷抖音时都有这个共同的习惯，这也暗示了一个重要的引流原则：评论区引流法。

具体来说，所谓的评论区引流法，就是指我们在运营抖音的过程中，寻找到一些跟自己定位类似、粉丝众多的大号，然后批量地在这些大号发布的抖音视频评论区里进行发言，利用提前编辑好的评论进行引流，吸引粉丝。

可以说，对于抖音运营而言，在抖音视频的评论区进行引流是一个简单、高效的方法。那么，在实际的操作中，有哪些经验可以借鉴呢？需要注意哪些问题呢？接下来，我将详细为大家讲解。

一、抖音评论区引流法的五大技巧

在粉丝众多的账号所发布的视频下方进行评论，看起来似乎是一种十分简单的方式，但仍然有很多采取这种方式的抖音运营者反映，其引流的效果不尽如人意。

为什么会出现这一现象呢？答案其实很简单：因为这些抖音运营者往往并不懂得如何进行有效的评论，以及利用话术去吸引粉丝。

接下来，我将为大家介绍五种实用的评论区引流技巧，如图 6 – 14 所示。

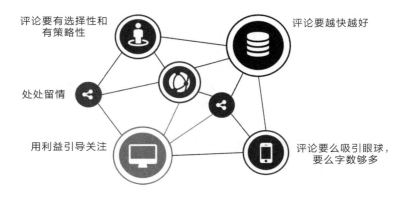

图 6 – 14 评论区引流的技巧

❶ 评论要有选择性和策略性

想吸引什么类型的人群，就要选择什么样的抖音账号。如果想吸引的目标用户是年轻、时尚的爱美人士，那么，就可以相应地到一些穿搭抖音账号、美妆抖音账号下面去留言、评论。

此外，留言评论主要的目的是要让别人注意到你并引导其他用户关注你，所以不能为了评论而评论。像"沙发""支持""太好了"等等之类的评论，除了增加评论的数量之外毫无意义，产生不了任何价值。

例如，图 6 – 15 中的"你的宝贝 变美小秘密"就为我们做出了很好的示范。

"你的宝贝 变美小秘密"的账号定位是推销眼霜，在进行评论区引流的时候，他就很有针对性地选择了与自己行业相似、有近十万粉丝的大号"爱慕美"的一条双眼皮视频，并且，他评论的内容十分巧妙地告诉了大家这样一个信息：使用某款眼霜，就能成功变双眼皮。

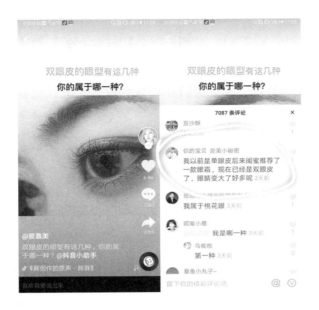

图 6 - 15　有选择性、有策略性的评论案例

❷ 评论要越快越好

好的机会往往都是稍纵即逝的。利用留言评论进行推广引流也是一样，越快机会越大，效果越好。

在抖音，第一个留言评论的人往往都是排在顶部第一位，这是最好的位置，曝光的机会、推广引流的效果至少可以提高 10 倍。

❸ 评论要么吸引眼球，要么字数够多

评论区引流的一个关键就是要保证评论是有吸引力的。具体来说，评论的语言既可以诙谐幽默，也可以语出惊人，这些都可以给人留下深刻的印象。

在具体的实操过程中，如果你的语言表达能力不够好，做不到诙谐幽默或者语出惊人。那么，你也可以把评论的内容写得多一点。只

要表达出你的真诚和认真的态度，同样能够吸引到别人。

这个道理其实很简单，试想一下，同样是评论，几个字和几百个字哪个会更打动人？答案显而易见。不过，正所谓"言多必失"，当你采用了长篇大论的评论方式去吸引眼球的时候，要注意你的评论内容千万不能是赤裸裸的硬广，也不要出现不文明或者不恰当的言论，否则，评论效果将大打折扣。

❹ 用利益引导关注

要想让别人通过你的留言来关注你，你还可以设置一些利益来引导用户的关注。利益分为以下两种：

1）物质利益，比如：优惠券、折扣券、体验券、小礼品等。

2）精神利益，比如：电子书、软件、教程等。

需要注意的是，不同的平台对利益引导的包容程度是不同的，这一点需要你在实际操作过程中去分析和总结，不断地积累经验。

❺ 处处留情

关注100个类似的抖音账号，意味着你就有了100个评论推广引流的地方。如果你能在每一个账号的短视频下方去留言，你就能获得100个推广引流的机会。

二、抖音评论区引流的注意事项

以上分享了评论区引流的五大技巧，在实际的评论引流过程中，我们还要需要注意以下三点。

❶ 评论区的广告要"软"着陆

如今，大多数人都对广告非常反感，如果评论区里的广告过于明显，特别容易遭到排斥，难以实现引流的目的。因此，在进行评论区引流的时候，我们一定要注意对用户定位进行分析，实现广告在评论区的"软"着陆。

具体来说，就是要做到以下几点：

1）对目标人群进行精准的定位。

2）充分了解自己所吸引的用户群体。

3）弄清楚用户的关注点，即明确用什么来吸引这个用户群体，

❷ 提升账号的专业性程度

账号要有足够的专业性，才能够在其他视频的评论区更好地吸引用户。在实际的评论区引流操作中，有些运营者用来引流的账号的名字和初始头像很低俗，这样的账号势必是无法达到较好的引流效果的。

通常，一个合格的账号，必须要有专业的名字和头像。具体来说，就是应该定位清晰、名字简单好记、头像让人眼前一亮。

一个专业的引流账号必须要做到照顾用户的视觉感受。据统计，在抖音评论区中，绿色和红色的头像更容易吸引粉丝。绿色可以给用户良好的视觉体验，而红色则可以在黑色的评论区中突出自己，这两种颜色都有着自己独特的优势，在选择账号头像的时候，大家可以进行参考。

❸ 不能忽视对引流结果的关注

许多抖音运营者在引流成功之后，就认为已经达到了吸引用户的目的，于是对结果不再关注，这样做也是不对的。

当我们成功地利用话术和头像等技巧将粉丝吸引过来之后，还必须给粉丝带来值得他们去停留的内容，要提供有价值的东西，不能欺

骗粉丝。对于自己账号里的内容，必须要更用心地去经营才行，只有当粉丝觉得你的内容有价值的时候，他们才会更愿意在未来持续地对你产生关注，引流才能算作真正的成功。

所以，在进行抖音评论区引流的时候，除了要关注过程，也要关注引流结果。

6.4 复盘法：深度思维演练，成为抖音大 V

搭上抖音流量快车，成为抖音大 V，相信这应该是所有抖音运营者的共同心愿。然而，在实际的抖音运营中，光重视抖音运营过程显然是不够的，还必须重视复盘。

通过科学专业的复盘，我们能够更明确地看到运营抖音时存在的问题和取得的结果，从而更准确、更有针对性地做出调整和优化方案，积累运营经验，为成为抖音大 V 打下坚实的基础。

一、什么是复盘？

有些人将复盘视为简单的总结，这是错误的，总结只是复盘的一个部分。复盘其实是对过去完成的项目所做的一个深度思维演练。

所有的项目不管是版本更迭还是 0 到 1，都会经历几个核心阶段，所谓的复盘就是对每个阶段的具体工作进行分解，分析工作顺利与否，主要问题有哪些，如何进行优化等。

通常，人们在做项目总结时，关注点是从项目成果出发，总结项目成果与不足。复盘却与之不同，在关注结果的同时，更注重对整个项目过程的重新演练。在演练过程中，能够发现问题、分析问题，积累更多的经验，从而为之后的战略和决策提供更多有价值的东西，并优化解决方案。

总结与复盘最大的区别就是：总结是静止且跳跃的，复盘是动态且连续的。

复盘多以过程为导向，关注过程中的学习和提升。进行复盘不仅能对项目整体规划和进度有更充分的认识，也能学习和收获更多专业知识，认清自己的不足，找出需要改进的地方，从而更好地制定出优化方案。

二、抖音运营为什么要做复盘

作为抖音运营者，如果想要实现吸粉引流的目的，就必须做好抖音的管理工作，当好产品经理人。而抖音运营者要做好抖音，第一步就是要学会总结得失。

当问题发生的时候，复盘就是最好的反思机会。在复盘的过程中，将抖音运营过程中的优劣势一条条列出来，然后不断深入思考，可以帮助我们提升自己的抖音运营能力。

三、抖音复盘如何开展？

正如联想集团创始人柳传志所言，复盘就是指做过的事情，再从头做一遍。具体来说，在做抖音复盘的时候，我们可以按照以下步骤进行操作。

❶ 回顾目标

要知道，不科学的目标往往是失败的第一步，所以抖音复盘的第一个环节就是要回顾目标，弄清楚运营抖音的目的是什么。这样做的目的是为了不断检验我们的目标是否科学，并且在这个过程中不断去总结和优化我们的抖音运营目标，使之更合理、更准确。

回顾目标究竟有多重要呢？我们不妨一起来了解一下。

【成功案例：声乐培训通过复盘成功获赞吸粉】

例如，有一个声乐培训工作室，给自己的抖音账号制定了一个目标，那就是每天发送三条唱歌的视频作品，希望通过注册小号引流和微博推广等方式使每条视频的点赞量超过5万。

遗憾的是，在经过一段时间的操作后，虽然该工作室的视频数量发送达标了，可是点赞和吸粉情况却并不理想，距离目标差距很大。

后来，该工作室经过复盘找到了原因，原来自己的视频内容和点赞目标根本不相符。在此基础上，该工作室迅速调整了自己的视频内容，在其中加入了更吸引人的教学环节。经过优化后，该工作室的视频内容果然获得了更多人的关注和喜爱，很快就达成了点赞五万的运营目标。

从这个案例中，我们就可以看出目标复盘对抖音运营的重要性。那么，在运营抖音的时候，我们究竟应该怎么进行目标回顾呢？我认为要做到以下两点。

1）定义目标问题

解决问题是复盘的本质。而要做到这一点，在回顾目标的时候，我们首先要做的第一步便是要弄清楚"原定目标"和"现有结果"之间的差异，这个过程其实就是在"定义问题"。

要明白，只有准确定义了目标问题后，下一步，我们才可以根据这个目标问题去有的放矢地分析原因、寻找解决方案并开展后续行动，从而制订更科学的目标计划。

下面，我们通过表 6 - 1 一起来了解一下定义目标问题的具体做法。

表 6 - 1 定义目标问题的示范

原定目标	原定于 2019 年 5 月 1 日，完成 30 条视频发布，并实现累积点赞量 50 万次，增粉 5 万人。
现有结果	截至 2019 年 5 月 1 日，完成抖音短视频 30 条，实现累积点赞量只有 35 万次，增粉 3 万人。未达到预定目标。
定义目标问题	在规定时间内计划完成 30 条视频，已完成； 计划实现累积点赞量 50 万次，只达到 35 万次，差 15 万点赞； 计划增粉 5 万人，只达到 3 万人，差 2 万人。

2） 对目标复盘的结果和方案呈现

当完成了定义目标问题这一步后，接下来我们要做的，就是要对目标复盘的结果和方案进行呈现。

在这一步中，我们需要弄清楚以下三个问题（如图 6 - 16 所示）：

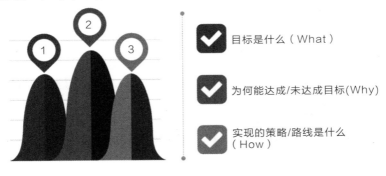

目标是什么（What）

为何能达成/未达成目标(Why)

实现的策略/路线是什么（How）

图 6 - 16 回顾目标时要弄清楚的三大问题

在这三个问题中，最重要的又当属实现的策略和路线，它也是目标复盘最需要解决的问题之一。

下面，我将继续以上面表格中的内容为例，为大家详细讲解一下在实际的操作中，我们究竟应该怎样对目标复盘的结果和方案进行呈现。

在表 6 – 1 中，我们在定义目标问题中是这样描述的：在规定时间内，计划完成 30 个视频，已完成；计划实现累积点赞量 50 万次，只达到 35 万次，差 15 万次点赞量；计划增粉 5 万人，只达到 3 万人，差 2 万人。

那么接下来，我们要做的就是找到造成目标无法达成的具体原因。通常，这个原因可以从我们所运营的抖音类型、粉丝属性、发布时间、视频内容等角度去分析。

例如，在有限时间内只靠一种视频内容很难获取大量粉丝；发现无特效视频获赞量较少，无法达到预期成果。找出这些问题后，制定有效方法并回归到目标制订中，抖音运营者要根据粉丝属性、时间长短和视频内容制定科学合理的目标，使抖音运营更具专业性。

❷ 结果对比

结果对比也是抖音运营复盘的一个重要步骤。所谓的结果对比，简单来说就是指通过对结果与目标进行对比，去发现结果与目标之间可能会产生的差距。

一般来说，结果与目标之间会存在以下四种关系（如图 6 – 17 所示）。

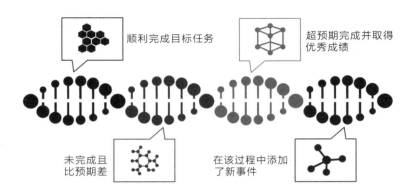

顺利完成目标任务

超预期完成并取得优秀成绩

未完成且比预期差

在该过程中添加了新事件

图 6 - 17　目标和结果之间可能存在的四种关系

需要注意的是，结果对比的目的并不是单纯为了发现差距，而是要发现问题。

一些抖音运营者在复盘时，往往只是对表面数据（点赞、粉丝量、转发量等）进行了分析，而并没有全面地分析运营的诉求以及投入产出等目标维度，所以就很难发现运营存在的问题。这样的复盘，显然是没有任何意义的。

所以，为了使抖音账号运营更加顺畅，在进行结果对比的时候，必须注重实战，从根源去查找问题。

一般来说，结果对比又可以分为两个步骤。

1）陈述结果

陈述结果主要是进行数据的展示。在进行复盘的时候，必须将所有数据都展示出来，对实际结果数据与目标数据进行对比，以便更直观地看出结果是否达到预期。

此外，为了让结果评估的数据更客观、更准确，在进行数据陈述的时候，我们还可以尽可能多地引入外部典型项目样本。

2）找出亮点与不足

做好结果陈述后，接下来要做的就是通过对比找出运营过程中的亮点和不足。

下面我们以某抖音账号为例，一起来找出其运营中的亮点和不足。

亮点：快速找准粉丝需求；根据粉丝不同需求创作多样化短视频；团队发起有趣的挑战赛，促使大量用户参与；抖音视频封面提升了点赞量。

不足：视频内容逻辑不清晰，导致粉丝抵触情绪；无法自主解决问题，需要上级做决定；视频创作内容创意不足，不知道是否符合粉丝需求；粉丝流失较快。

❸ 分析原因

结果对比完成之后，接下来就要进行深刻的复盘了。简单来说，就是要弄清楚是什么原因阻碍了目标的实现。

分析原因一般可分为以下三步来进行。

1）叙述过程

叙述过程涉及整个抖音运营团队，其目的是向所有参与复盘的工作人员讲述运营过程，从而为大家创造讨论基础。

2）自我剖析

自我剖析简单来说，就是要分辨事情的可控因素。弄清楚是自己负责的部分出现了问题，还是其他人负责的部分存在问题。复盘人员在进行自我剖析时，一定要客观做到不给自己留情面。

3）众人设问

所谓的众人设问，就是指通过团队的视角设问，突破个人认知的边界。在众人设问环节，要做到探索多种可能性。

这里提供两种分析原因的实用方法：一是通过鱼骨图层层剖析，二是用表格呈现成败的具体原因。

❹ 总结经验

当我们在做抖音运营复盘的时候，最重要的便是要从行动中总结经验教训，并有的放矢地进行进一步的改进优化。

具体来说，在进行复盘总结的时候，一定要明确以下三点（如图6－18所示）：

在总结经验中，我们需要知道从过程中学到了什么新东西？

接下来的抖音运营中，你需要做些什么？

哪些方案是我们可以直接行动的？

图 6－18　复盘时需要明确的问题

此外，为了判断复盘的结论是否可靠，在复盘的过程中，我们还应该多问自己以下问题，如图6－19所示：

复盘的结论是否排除了偶发性因素？
弄清楚在复盘过程中所经历的事件和分析得到的原因是否具有普遍性

复盘结论是指向人，还是指向事？
团队复盘总结经验时，应该对事不对人

是否有类似事件的复盘结果，可以进行交叉验证？
在复盘时，很可能会发现以前的问题又出现了，或者以前的经验也可能用得上。所以，在这个过程中，有必要交叉验证的可以交叉进行

图 6－19　复盘时应反复问自己的问题

复盘不等于总结，事实上，复盘是一个结构系统化的学习流程，而总结只是其中的一个部分。

❺ 将经验转化为结果

复盘要想真正发挥作用，就必须落实到具体的行动计划中去，并且保证得到有力的执行。简单来说，就是要将经验转化为结果。

具体来说，在将经验转化为结果的过程中，必须要做到兼顾以下三点。

1）开始做什么

根据经验教训，为了挽回损失，改进当前的运营现状及未来行动，抖音运营者可以开始做什么事情。

2）停止做什么

抖音运营人员通过复盘，可能会发现部分做法不当。而这些不当的做法，就是需要停止的行为。

3）继续做什么

抖音运营团队要找出表现良好或者需要继续保持下去的运营做法，然后坚持下去。

第 7 章

抖音强营销：
一块新的精准营销主阵地

　　说到抖音营销，大家都不陌生。然而提到抖音品牌营销的具体做法、抖音网红的产品推广方式以及抖音带火的城市营销等种种新玩法，许多人或许会感觉陌生。本章，我们就将从这些内容出发，和您一起去揭开抖音这块新的精准营销主阵地的神秘面纱。

7.1 抖音品牌营销究竟应该怎么玩

据抖音官方宣布，截至 2018 年，抖音的国内日活跃粉丝量已经达到了 1.5 亿，并且这个数据还在持续增长。在抖音的用户中，24 岁以下的年轻人群几乎占据了 85%。这也就意味着，抖音已经抓住了未来商业社会主流的年轻用户群体。

毋庸置疑，如今的抖音正处于最佳的流量红利期。用户在哪里，广告营销就在哪里。抖音这款流量质量极高、变现能力极强的短视频 App，正以燎原之势成为一种炙手可热的新兴营销模式。

尤其是随着 2018 年抖音购物车的开通和"抖音好物联盟"的出现，抖音营销更是被送到了崭新的红利风口，一方面，它能够为内容创作者和商家带来肉眼可见的商业价值，另一方面，它也赋予了内容创作者和商家更多关于寻找与布局新的商业增长点的全新启发。

毫不夸张地说，未来谁掌握了抖音营销，谁就掌握了在短时间内收获最多利益的绝密武器。那么新的问题来了，抖音背后究竟隐藏着怎样的营销逻辑，它凭什么可以成为品牌商眼中的"香饽饽"呢？未来试图依靠抖音迎来营销风暴的品牌商家，又该如何去搭乘这辆全新的营销快车呢？这将是本节的重点讲述内容。

一、抖音营销为什么会成为品牌商眼中的"香饽饽"？

现如今，抖音之所以能够获得这么大的成功，成为众多品牌商眼中的"香饽饽"，主要是基于以下五点原因（如图 7 - 1 所示）：

抖音变成了优质流量高地

抖音电商重新定义了个体品牌

比起淘宝的中心化，去中心化的抖音效果更好

抖音短视频推广效果好，制作成本低

抖音很容易激发用户的互动性

图 7 - 1　品牌商重视抖音平台的原因

❶ 抖音变成了优质流量高地

数据统计显示，当前，抖音的月活跃人数已经突破 5 亿。而且，抖音的用户群体主要由年轻人组成，主要来自城市，他们有着鲜明的个性，喜欢模仿新奇事物，追求炫酷。在内容电商领域，抖音占据着重要的位置。

抖音之所以能拥有这么多的用户，其产品机制发挥了巨大作用。归纳起来，这种作用主要表现在两方面：一是因为运用了个性化的推荐算法，用户可以在其中快速地找到适合自己的内容；二是抖音成功地构建了一个良性生态的 UGC（用户原创内容）生产体系。

为了保证 UGC 能够保持大量丰富的内容输出，抖音平台从产品到运营都付出了很多努力，它从年轻人的喜好出发，上线了很多的优美音乐和丰富多彩的特效，创建了年轻人喜闻乐见的玩法和新标签。用户想在抖音软件中制作短视频是非常容易的,就算没有任何经验,也可以做出内容新颖、效果炫目的短视频。

正是凭借这些充足的准备工作,抖音"生产"了一大批平民网红,与此同时,大量专业内容制作机构也纷纷入驻,为内容的创作提供了动力。可以说抖音的巨大流量来源于网络红人,同时抖音也对网络红人的内容提供流量支持和智能分发。只要网络红人的内容足够优秀,抖音便会给予重点关注,并将优质视频推荐给首页的"观众",从而使其获得更多的流量。

随着网络红人的数量日渐增多,抖音也配备了专门的"小编"来对他们进行管理,而顶级网红也有自己的"经纪人"为他们处理商业合作方面的事务。

总之,抖音通过鼓励用户来创造内容,打造网络红人,并给予网络红人流量支持来留住他们,并进一步通过网络红人及其生产的内容维系了抖音超高的流量,最终形成良性生态。

如今的品牌商之所以如此看好抖音这块"风水宝地",主要就是因为它确实可以带来其他平台无法比拟的流量效应,产生更高的流量转化。

❷ 相比于淘宝的中心化,去中心化的抖音有着更好的效果

虽然很多商家通过淘宝获得了很高的流量,但是随着天猫的崛起,淘宝的很多流量被分走,很多淘宝网店的经营变得越来越艰难。

不少商家因此抱怨:推广自己品牌的成本太高、现在所拥有的流量太少了,要想提高曝光率,使得排名靠前,就必须扩大投入。比方说淘宝直通车、店铺装修、钻石展位等等,这些都需要耗费巨大的成本。只有商家提供足够的资本,其店铺才能出现在位置靠前的地方,曝光率才会随之增加。因此,除非淘宝的排名规则得以改变,否则其

中心化的平台属性难以改变。

抖音的出世将这一规则限制打破。投放广告的品牌商只需要获知目标用户的基本信息，如性别、地区、年龄、爱好等内容，就可以以此为依据进行广告的精准投放，这样取得的效果也会比直通车要好。

不难发现，现在在抖音平台上出现最多的广告类型就是游戏类广告。如果抖音和某一个商家平台联手将数据打通，就可以获取精准的流量。抖音可以利用这些精准流量实现导流。抖音的广告与朋友圈的信息流广告类似，但抖音的广告比朋友圈推广更占优势，抖音的推广在视觉效果上更胜一筹，也不会干扰到其他用户。

❸ 抖音很容易激发用户的互动性

像拼多多、小红书这样的电商平台，都试图朝着社交电商的方向发展，结果都失败了，深究其原因有两点，其一是这类产品难以和用户产生较强的关联，其二是因为自身缺乏社交基因。

在淘宝平台购买东西时，人们通常都要经过自主搜索。虽然拼多多拥有个性化算法推荐和大数据，但从给用户带来的感受上来看，还是比较单一的。拼多多上并没有出现通过场景、用户互动带动销售的局面，主要仍靠商品的基本展示和低价的诱惑。

在拼多多，用户通过将购物链接分享给朋友的形式进行互动，邀请朋友砍价、拼单，或者推荐别人进行购买，但用户自己购买完产品后再次购买的可能性很小。这些基于利益的互动行为效率并不高，导致了用户之间的低黏度。如果没有什么太大的折扣优惠，用户也就不会做出购买决策，并失去分享链接给其他人的动机。

相比于其他的电商平台，抖音带给用户的体验是互动性强和快捷方便。如果一名网红在抖音上推荐某一厂家的商品，其粉丝在刷抖音的时候正好看到了这条广告，非常喜欢这款产品，那么其粉丝就有可能会选择立即点击购买，这是一种场景型消费。

❹ 抖音重新定义了个体品牌

微信公众平台最先提出了"再小的个体也有自己的品牌"这句口号。虽然它也实现了这一点，但是从效果来看，并没有达到一个非常理想的状态。现在公众号在微信的生态体系中，已经出现了增长疲软的状态，其头部效应越发明显，阅读量和打开率下滑严重。现在似乎只有媒体或者机构才能在这个平台上树立自己的品牌，个体要想建造品牌，难度很高。

但抖音不同，它继承和发扬了个人品牌化的产品理念。

❺ 抖音短视频的推广效果好，制作成本低

在抖音上，品牌商几乎不用支出任何费用就可以将自己的商品展示给抖音用户。与此同时，抖音还有特效、滤镜等功能，品牌商在短视频制作过程中可以利用这些功能让短视频达到期望的效果。所以现在越来越多的品牌商更愿意在抖音上进行推广运营。

以上四点优势也正是抖音营销背后所蕴藏的爆红逻辑。总而言之，如今抖音已经爆红成"流量级"营销入口，品牌商和抖音运营者只有去更好地观察和了解抖音，才能更好地找到未来的营销出路，为自己赢得最佳的营销增长点。

二、品牌商应该如何利用抖音进行品牌营销？

归纳起来，我认为品牌商开展抖音营销的方式主要有两种：

- 直接与抖音网红合作，依赖于抖音网红的个人影响力进行病毒

式的品牌宣传和营销。

● 直接与抖音平台进行合作，这种方式的最大优势是可以最大程度地保证内容传播的深度和广度。

关于第一种直接与抖音网红合作的营销方式，在后面的章节中我会详细论述，这里就不再赘述。下面，我们首先通过两个成功案例，一起来深入了解一下第二种品牌抖音营销模式——与抖音平台直接合作的营销效果。

【成功案例：天猫 38 女王节携手抖音，成功获取 507 万曝光量】

2018 年的"三八妇女节"，天猫商城与抖音平台合作，发起了展示女生不同特质"一起放肆做女王"挑战活动。在活动中，为了帮助品牌挑战赛聚拢粉丝，抖音还专门提供了"张欣尧"（见图 7 - 2）"一婷哟 morgen""小安妮大太阳"三位网红的 3 个视频。

图 7 - 2 "张欣尧"抖音截图

最终，这次活动获得了短视频总曝光量 507W＋、总点击 2.7W＋、总互动数 23.6W＋、点赞数 13.6W 的好成绩，天猫商城的"女王节"促销凭借此次活动积聚了更多的人气。

7.2　7 种有营销目的的抖音玩法

如何玩转抖音营销？我们不妨先来看一个抖音营销的成功案例。

【成功案例：抖音与美团强强联合，"美团吃货节"引爆流量】

2018 年，抖音与美团联手推出了"美团吃货节"活动（见图 7 - 3），开启了双方平台导流的营销手段。在本次合作中，长期以来一直以强运营被人称道的抖音也成功展示了教科书级别的广告营销实力。

图 7 - 3　美团吃货节截图

具体来说，在本次活动中，抖音主要做出了以下努力：

第一：基于 PGC + UGC 的内容特征，邀请了不少的高人气抖音达人共同参与活动。比如邓伦、娄艺潇、熊梓淇、张杰、杨紫等粉丝量超过 1000 万的明星。

第二：极大地发挥了创意，创作出了将 cosplay、宠物、美食、舞蹈等融合到一起的爆红抖音视频，覆盖了抖音平台中的大量用户，为吃货节导流、营造气氛。

第三：在短视频当中加入了定制红包的直播，利用福利和粉丝效应将大量的粉丝吸引到美团吃货节的活动页面。

第四：利用好玩又简单的大碗贴纸，激发用户的想象力去晒美食，并且放出大招奖励——奖励吃货"一年霸王餐"，吸引了大量的用户参与到此次活动中，得到了无数用户群体的赞赏，并且催生出海量的 UGC 内容。

第五：开展了开屏 + 信息流 + 达人 PGC 挑战赛的营销手段，保证双方品牌价值叠合的部分共同发力，达到了 1 + 1 > 2 的增值效果。

之所以说抖音的这次营销表现可以称得上是教科书级别，主要有两方面的原因：一是此次营销的创意玩法充分考虑了用户体验；二是完美地实现了品牌导流，实现了营销传播的知行合一。这也为品牌商未来的抖音精准营销提供了明确方向。

这也意味着，在未来的互联网时代，抖音营销的正确玩法应该是摒弃高高在上的佼佼者身份，通过良性引导的方式去努力追寻用户体验和营销效果之间的最佳平衡点。也正是基于此，我总结归纳出了抖音营销的 7 种具体玩法（见图 7 - 4）。

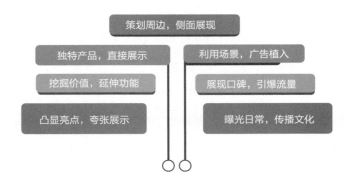

图7-4　抖音营销的七种具体玩法

一、策划周边，侧面展现

如果我们的产品没有新意，趣味性不强，和同类产品相比没有明显的差异。那么，在抖音这个平台上，我们应当怎样对自己的产品展开营销呢？答案是可以试着利用周边产品。

什么是周边产品呢？起初，它指的是借用游戏、动漫、漫画等作品中的动物或人物形象，在获得相关授权后制作出的商品，现在，周边产品更多是指消费者伴随着产品能得到的其他物件。

举个简单的例子，如果企业的主打产品是化妆品，那么除化妆品外的其他东西，比如包装盒、优惠卡、说明书等都可以叫做这款化妆品的周边产品。你可以为这些周边产品设计出更好的内容，从侧面凸显出化妆品的价值。关于这方面的典型案例就是"阿芙精油"，消费者购买了一瓶小小的精油，就会收到很多"阿芙精油"的周边产品作为附赠礼物。

大连有一家披萨店在抖音上十分火爆，曾经获得过15.5万的点赞数量。这家披萨店在周边产品上花费了很多精力，将精美的披萨菜单展示在抖音上。很多网友赞叹："经常吃披萨，但是看菜单看饿了还是头一回。这家店在哪？我要去！"

二、独特产品，直接展示

如果我们的产品本身就有着很强的话题性，趣味性很强，那么这类产品可以直接在抖音上进行展示。

抖音上曾经出现了一款很火的笔记本，除了附带很常见的笔和纸外，这款笔记本还有一个 U 盘、三个充电器和一个移动电源。不得不说这样的设计背后有着极高的创意性，商家直接在抖音上通过短视频的形式将笔记本的使用方法展示出来。这个短视频最终获得了 4860 条评论和 140 万的点赞量，不少用户都在评论区询问购买这款笔记本的途径。

抖音上还出现过拥有一键升降功能的火锅，很多没有见过这款产品的用户看到视频后纷纷赞叹，还有这样神奇的火锅，再也不用捞来捞去了。因为这款火锅自身就具有很强的话题性，通过在抖音平台的展示就可以迅速得到用户的关注。

三、利用场景，广告植入

如果想让用户对自己的产品留下深刻印象，电商商家还应该借助特定的场景，将自己的产品植入其中。这意味着，虽然视频是一段搞笑内容或者有关生活小窍门的小视频，但是视频的场景中暗含着广告。比方说在桌边摆放着自己的产品，人物服装上印有品牌的 LOGO，背景音乐中含有广告声音等等，这种广告植入的方式往往也能起到不错的宣传效果。

抖音曾有这样的一段视频，有一个店员正在快速熟练地整理衣服，这位店员的背后显现着"H&M"的门牌标识，毫无疑问，这就是一种广告植入的方式。

四、挖掘价值，延伸功能

此外，我们还可以挖掘产品的跨界用途来吸引用户的注意力。

比如说，通过对海底捞的底料搭配进行研究后，有抖音用户制作出了"超好吃"的底料搭配方案，听说"比点的底料更好吃"。因此，海底捞延续了抖音用户的吃法，推出了很多抖音"网红秘诀"。

有一名海底捞的服务员这么说："当'网红秘诀'走红以后，每五桌吃火锅的人里面会有三桌点抖音套餐，油面筋、番茄底几乎变成了每桌的标配，甚至连小料桌上的芹菜粒和牛肉粒用量都增大了，现在的用量是以前的二到三倍。"

很多时候，那些看似普通的产品背后都有奇趣之处。比如说我们常见的大楼，是很普通的事物，更称不上是什么旅游景点。但是，抖音上拍出了完全不一样的大楼，它竟然有着"俄罗斯方块"的形象，这吸引了不少网友纷纷前往这个地方，在"网红大楼"前拍照纪念。

五、展现口碑，引爆流量

很多的时候，产品好不好，不一定非要用语言表达出来。我们还可以通过抖音短视频从侧面反映出产品的火爆程度，这样起到的效果反而更好。比如说我们可以在视频中展示与消费者合作的尬舞、被消费者打爆的预约电话、消费者排队的景象等。

举个例子，很多人在抖音上刷到的"答案奶茶"，其现场火爆的排队场景似乎在告诉我们："我们是一家网红奶茶店，这么多人都在这里排队，都说好喝。你快来尝一尝啊！"

六、凸显亮点，夸张展示

虽然这一玩法和"秀出产品，直接展示"类似，都是关于产品本身的展示。但是这一玩法更加注重于产品独有特点的展示，将其通过夸张的方式展现出来，这样做可以使受众对产品留下更深刻的印象。

比如说，"空间大"是宝马 GT 的卖点之一。为了显现这一卖点，销售人员在抖音上发布了这样一段视频：宝马 GT 的车里面"藏"着 12 个人，毫无疑问，这个视频给用户留下了深刻的印象。

再比方，"一键开启中控隐秘的存储空间"是凯迪拉克的亮点。在抖音上，有人利用这一特点为自己"藏私房钱"，这一亮点被放大后，引起热议，其中一个短视频获得了将近 10 万的点赞量。

七、曝光日常，传播文化

消费者购买产品，除了看重产品本身的质量和服务水平外，也会关注企业文化。

如果有两家电商的产品差不多，但第一家电商的员工都非常有激情；第二家电商商家的员工都非常消极，且内部人事斗争不断。那么作为消费者，就算第一家的产品稍微贵一点，我也愿意购买第一家的产品。

比如，小米有一个抖音号叫作"小米员工的日常"，这个抖音号在春节前发出了一系列有关办公室趣味的视频，虽然内容只是发年终奖、春节加班、发开年红包等一些琐碎的场景，但是依然有不少网友关注、评论。

比如，阿里巴巴在抖音上一个名为"淘宝"的账号，仅仅晒出了部分食堂的饭菜，就获得了近 3 万次的点赞量。还有不少用户纷纷留言"好想去上班！""好良心的公司啊！"等。

当然，有关抖音的具体玩法还有很多种，不局限于上文中提到的这七种，在进行营销的具体过程中，可以根据自己的实际情况做出取舍。

总之，绝大多数电商都掌握了"双微一抖"的运营方式，越来越多的人开始关注抖音营销。作为电商商家，有用户的地方就存在商机，要想进军新媒体营销，就应该充分利用好抖音这个平台，只要善于在实践中总结，找到适合自己的玩法，终究可以在抖音中找到属于自己的一块"地盘"。

7.3　抖音网红是怎样推广产品的

在现实生活中，常常会有电商商家向我咨询关于抖音网红如何推广自家产品的问题。在与这些人的沟通中，发现他们中的许多人基本都对这个问题一窍不通，甚至连基本的合作方式都不知道。

正因为如此，我觉得很有必要把这个问题拿出来单独讨论，以期能帮助更多人更好地了解抖音网红推广的定义、方式方法以及具体操作流程。

一、揭开抖音网红推广的神秘面纱

抖音网红业务合作方式与微信公众号、微博博主业务合作方式极为相似，最大的区别在于，微信公众号、微博博主多利用图文推广业务，而抖音网红则是利用视频推广业务的。

❶ 抖音网红是何方神圣

所谓抖音网红，主要指在抖音平台发布短视频且拥有一定数量粉丝的用户。当然，抖音网红的粉丝基数没有明确的行业标准，不同种类的抖音账号和不同的抖音网红拥有的粉丝量也不同。

例如，垂直游戏类拥有几万粉丝就可以成为抖音网红；有些生活类账号则需要拥有几十万，甚至几百万粉丝才可以成为抖音网红。

❷ 抖音网红的两种推广方式

抖音网红的产品推广方式，主要有两种：

1）将产品信息植入到抖音网红的短视频中，然后再发布，就如电视剧或者综艺节目中的广告植入一样；

2）直接发布产品短视频，例如游戏类推广，可以自己录制视频，随后在抖音网红的账号上发布。

❸ 抖音网红推广的收费方式

通常抖音网红的主要收入来源于短视频，按条收费，每发布一条视频就有收入。至于具体的收费则是由网红粉丝量、自身影响力决定的。假如，抖音网红拥有 100 万粉丝，报价为一个粉丝 5 分钱，则该抖音网红每条推广短视频的费用为 5 万元，且该费用不含创意费。

❹ 抖音网红推广的效果如何

许多品牌商利用抖音网红做产品推广最重视的问题就是推广效果，

但是对于推广效果，抖音网红也不能给出保证和承诺。

通常而言，抖音网红的推广重点在于增加品牌或者产品的曝光率，可是抖音平台推广的典型特征便是效果慢，而且无法有效控制转化流程。所以品牌商千万不要用广告思维来进行抖音网红推广，否则将会大失所望。

二、抖音网红产品推广的合作流程

首先，我们要了解合作双方的称呼，即甲方和乙方。甲方指品牌商，乙方指抖音网红。

弄清楚了抖音网红产品推广合作的称呼后，我们再来了解一下抖音网红业务合作的具体流程，如图 7 – 5 所示：

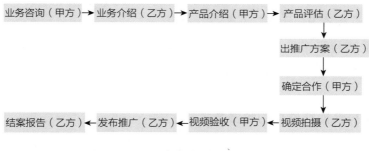

图 7 – 5　抖音网红产品推广的合作流程

❶ 业务咨询，　选择网红资源

在进行业务咨询时，我们应当首先去了解对方拥有哪些网络资源，尽量找到最适合自己产品的抖音网红，从而更好地进行产品推广，提高产品曝光后的转化率。例如，如果你是时尚服装商家，就应该找那些以高颜值获得关注的网红去进行推广；如果你是厨具商家，最好的推广选择就是那些美食短视频网红；再比如，如果你是做在线教育产品的，就应该去寻找母婴类和教育类的网红资源。

总之，只有选对了网红资源，才能更好、更准确地向目标客户进行产品的推广。

❷介绍业务， 展示优秀成品

品牌商进行业务咨询的过程中，其实也就是抖音网红进行业务介绍的过程。

在这个过程中，抖音网红可以将自己曾经的优秀案例向甲方进行展示，如化妆品广告、服装广告、游乐点广告等。除此之外，还应当向甲方进行网红资源报价，提前就各项业务进行洽谈。

❸ 介绍产品， 以便准确定位

如果品牌商对该网红非常感兴趣，能够接受抖音网红给出的报价，那么接下来，品牌商就可以给抖音网红介绍自家产品的主要信息，并等待抖音网红提供详细的推广方案。

品牌商将要推广的产品信息详细介绍给网红是网红推广产品过程中非常关键的步骤。如果网红对产品信息了解不够详细，那么，在实际的推广过程中，可能就无法准确地定位产品、给出最佳推广方案，从而导致推广的失败。

❹ 产品评估， 根据信息策划

产品评估是网红完成策划创意和推广方案的必要前提。

所谓的产品评估，简单来说就是对产品的相关信息进行详细的评估。主要包括产品的特征、卖点、热点、目标客户、订购流程等。只有有效完成了产品评估，抖音网红才能根据产品的各项信息进行完美策划。

❺ 完美创意， 做出推广方案

创意是网红的重要存在价值，推广方案的重点就是创意。抖音网红进行产品推广，资源并不是最大的困难，最难的环节是创意。这也是与微信公众号、微博推广的区别之一。相对于微信公众号和微博推广，抖音推广对创意的要求会更高。

甚至可以说，抖音网红拼的就是创意，如果创意足够好，即便粉丝量较低，其所发布的视频也会有较高的曝光量。与之相反，如果创意不好，对粉丝的吸引力不够，即使粉丝量较大，播放量也会很小。

例如，一个时装网红小 A，其粉丝量只有几万，但是她推广的一个泰国时装广告，播放量却高达 500 万次。为什么这一短视频播放量如此之高呢？小 A 经过调查发现，泰剧，尤其是剧中的各种美丽服装在我国受到很多年轻人的喜爱，于是便接下该产品推广业务。而且视频在后续时间内，播放量还会继续增长。

由此可见，如果创意足够优秀，那么用户就会多次观看到该短视频，视频的播放量也会快速上涨。因此，品牌商在与抖音网红合作时，重点要看抖音网红的创意团队是否足够优秀。

❻ 达成共识， 双方确定合作

一般来说，品牌商如果对网红的资源、创意、价格都满意，认为其与自身产品相匹配就会选择合作。双方在签订好合同后，接下来就要具体执行相关事项了。

❼ 视频拍摄，保证时间进度

通常，品牌商在与抖音网红的交流中往往更愿意选择那些配合度较高、能力较强的抖音网红。

❽ 验收视频，制定修改规定

视频拍摄好后，品牌商要进行观看。观看过后，品牌商通常会提出一些修改意见，这里需要注意的还是，当抖音网红将推广视频传给甲方后，一般是很难一次通过的，往往还要进行多次的修改和调整。

基于此，双方在谈合作或者签订协议时，我建议抖音网红可以根据实际情况提出推广视频制作完成后进行免费修改的次数，以防止品牌商无限次地要求修改。

❾ 发布推广，实现有效转化

当所拍摄的视频经甲乙双方一致认同后，接下来就是根据之前商定的推广时间来发布视频了。

当短视频发布之后，抖音网红还可以在评论区进行评论引流，引导粉丝体验甲方产品，以实现购买力的转化。此外，如果评论区出现了竞争产品的评论，抖音网红也要负责及时处理。

❿ 结案报告，让甲方看到成效

当视频成功发布后，抖音网红还要对各项数据进行总结。如视频的播放量、评论区的评论数等，并进行视频截图，然后发送给甲方，向商家证明视频的曝光率，让甲方看到所投资金物有所值。

三、抖音网红产品推广中需注意事项

❶ 多次曝光，保证较好的效果

既然做短视频的品牌广告，肯定就想获得好的效果，而获得好的效果的方法，就是让短视频在同一用户面前，尽可能地多次曝光。

如果只用一个网红短视频，影响就显得弱小，最好的方法是在一天内发布好几个短视频，并且连续发布好几天，这样才能形成热点。这就是那些大企业偏向发起"挑战赛"的原因，因为一个挑战赛就有几万条短视频，对用户来说，他们就很容易被这几万条短视频刷屏。这样一来，也就容易形成转化。但是采用这种方法，预算会比较高，适合大公司采用。

❷ 推广视频存在被删除风险

由于抖音平台会将明显带有广告痕迹的短视频直接删除或者限制流量。所以在进行抖音网红推广业务时，品牌商最担心的事情就是短视频被删除。

短视频的广告痕迹怎样才算明显或者不明显呢？对此，抖音官方并没有制定明确的标准供视频所有者自查，所以尺度和分寸还要甲乙双方在拍摄视频时自己衡量。

双方在进行短视频广告合作时，应该提前做好心理准备，以应对视频被删除，并且及时补发视频。通常，短视频在发布后在 24 小时内被删除，是可以补发的；发布后超过 24 小时，甲方执意出现品牌标志导致短视频被删除的，是不可以补发的。

❸ 多渠道组合推广

品牌商进行产品推广的最终目标是提高转化率，带来盈利。如果只是局限于抖音网红推广业务的话，那么推广形式就显得较为单一，效果也很有限。因此，大家可以采用多渠道推广的方式，将抖音网红、微信公众号、微博博主进行组合，多渠道统一发力，便于取得最好的效果。

以上是关于抖音网红推广业务的相关知识，希望通过本节的学习，大家能够对抖音网红推广有更深入的了解。

7.4 抖音带火的红利新玩法：城市营销

据 2018 年下半年清华大学与抖音头条指数联合发布的《短视频与城市形象传播白皮书》介绍，截止到 2018 年 6 月，在抖音平台上视频播放量超过一亿次的城市有 30 多座，视频数量超过百万的城市也已经突破个位数。

如今，凭借着庞大的用户基数和动辄过亿的视频播放量，及其自身所具有的独特优势，抖音已经成为打造"网红"城市和"爆款"城市的重要平台，在城市形象的塑造与传播领域发挥着不可小觑的力量。

那么，由抖音带火的城市营销这种红利新玩法背后究竟蕴藏着怎样的逻辑呢？又有着怎样的未来发展优势呢？

一、抖音为城市营销带来了哪些新变化？

我们首先需要弄清楚什么是城市营销。

简单来说，所谓的城市营销就是打造城市形象，为城市获取更多的发展之源。随着移动互联网时代的到来，城市营销的内容传播主体和传播形式都发生了翻天覆地的变化。而抖音的出现，更是犹如一支强而有力的催化剂，为城市营销注入了恰到好处的新鲜血液。

关于这一点，西安就是很好的例证。作为一座历史悠久的文明古都，西安无疑是抖音城市营销的最大受益者。

有关数据表明：抖音的火爆，很大程度上带动了西安旅游业的发展。在 2018 年春节期间，西安一共接待了 1269.49 万人次的旅客，同比增长 66.56%，旅游收入共计 103.15 亿元，同比增长了 137.08%。2019 年五一假期，西安接待了 1014.56 万人次，相比于去年同期增加了 400 多万人，旅游业总收入达到 45.05 亿元，相比于去年翻了一番。

当地人对于"抖音之城"——西安的变化有着很深的感触。一些人这样评价西安和抖音的关系："一个短视频 App 的出现对于西安全市的旅游业的提升非常显著，至少加快了三年。"

当然，在这一波由抖音城市营销带来的巨大红利中，西安绝不是唯一的受益者，同样尝到甜头的还有重庆、成都、青岛等特色城市，并且，这个阵营还在不断扩大。

可以肯定的是，在新一轮的城市形象宣传与城市旅游大战中，制作简单、复制容易并自带流量属性的抖音发挥了举足轻重的角色。如果说"网红化"是城市层次上升的必经之路的话，那么，抖音的出现则大大加快了这一阶段的进程。

归纳起来，抖音主要为城市营销带来了以下变化。

❶ 渠道更丰富， 主体更多元

抖音短视频流行以前，政府掌握着城市形象的话语权，以前的城市宣传的渠道更多依靠的是城市与人、城市与城市之间的单向宣传。

但在今天，城市形象定义者的范围不断扩大、内容相比从前更加丰富多彩，这些都是短视频带来的积极影响。每一个普通的市民都可以成为城市形象的宣扬者和塑造者，一种自下而上的人与人、人与城市之间的对话模式渐趋成熟。抖音的传播模式如图 7-6 所示。

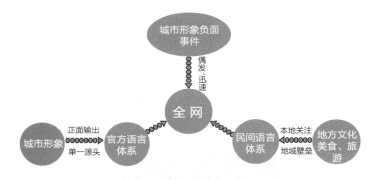

图 7-6　抖音成为宣传城市新渠道

❷ 展现细节，增强城市魅力

因为抖音短视频具有时间短的特点，因此在对城市形象的具体阐述上，很难采用严谨完整的叙事形式，更多体现的是一些充满民间烟火气的细节。比方说南宁十字路口的电动车大军、马鞍山怪坡水往高处流的奇景、重庆李子坝穿楼而过的轻轨等。这些细节的展示可以增强城市的魅力，让人们感受到城市的千姿百态。

❸ 精准定位城市，让城市形象更显生动

在风格各异的短视频中间，最受欢迎的是有关吃喝玩乐类城市形象的短视频。不同的城市在"吃喝玩乐"方面有着不同的侧重点。

比如说，西安独特的地方美食和大雁塔的光影秀，都灵活展现出西安"古都"的形象；火锅与美女的"火辣"内涵、"不知身在

第几层"的山城特点，使得重庆具象化的形象活灵活现；成熟的商业休闲设施和特色地方美食让成都的"来了就不想走"的形象深入人心。

通过抖音，这些城市的形象得到了更生动的展示。

二、为什么抖音城市营销能成功？

抖音短视频一方面输出了城市文化，一方面也带动着整个城市旅游业的发展。为什么抖音的城市营销能够获得这么大的成就呢？其原因可以概括为以下三点（如图7-7所示）：

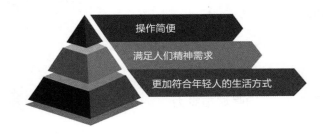

图7-7　抖音城市营销成功的原因

❶ 操作简便

我将抖音的城市营销模式总结为"2+1模式"。这是一种很简单的模式：一个城市的特色景点、一首主打歌再加一个符合大众心理的情感诉求。将这三者结合起来，再加上抖音的话题运营模式，就能推出一个又一个网红城市。

❷ 满足人们精神需求

具体来说，抖音满足了人们的精神需求可以体现在以下两个方面：

1） 符合碎片化、 场景化需求

短视频之所以能够这么火爆，其背后的逻辑其实很简单，相比于此前流行过的图文信息，短视频给用户带来了更强的场景感与代入感，满足了人们倾向于接受直观画面的需求，符合了碎片化娱乐时代的精神。

换句话说，正是因为抖音紧跟了时代的发展、满足了人们的需求，才得以获得了这么大的体量。

2） 符合情感释放需求

毫无疑问的是，当前的社会弹簧效应十分明显，随着人们工作、生活、学习压力的增大，情感压抑得不到释放。以一个城市的独特景点，配上一首主打歌，更加激发了人们对于美好生活的向往。

所以，当人们在抖音上观看到这么多的奇妙的景象时，被压抑的情感释放了出来，只要稍微冲动一下，就可以将代入感变为参与感。

❸ 更加符合年轻人的生活方式

城市需要展示的不单单是文化历史，还应该有年轻人注重的时尚和活力。抖音融合了影像、文字、声音等内容，从年轻人的视角出发对这个城市进行观察，再以一种极具活力的形式展现出来，不断向城市营销注入新鲜血液。

三、抖音城市营销的注意事项

在进行抖音城市营销的时候，还应该注意以下两点（如图 7 - 8 所示）：

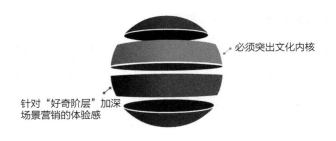

图7-8　抖音城市营销的注意事项

❶ 必须突出文化内核

许多人都对如今的城市热门视频内容的共性进行了总结，认为这些共性可归纳为"BEST法则"，意思是BGM（背景音乐），Eating（本地饮食），Scenery（景观景色），Technology（科技感的设施）。

在我看来，还应该在其后加一个C（Culture）——城市必须要展现出其文化底蕴，只有加上文化内核，BEST法则才能发挥更大价值。

相比于城市音乐、本地饮食、景观景色和基础设施，那些由抖音带火的网红城市背后所蕴含的历史故事、历史精神和城市文化更值得进行营销，也更需要进行推广。

❷ 针对 "好奇阶层" 加深场景营销的体验感

据有关数据显示，当前抖音平台上的用户，有90％的人年龄在35岁以下，女性占总用户数的55％，且用户多集中于一二线城市，学历多为大专以上。

在对这些用户的偏好进行分析总结时，不难发现他们有着这样的共同特征：对于新鲜事物永远保持着好奇的心理，并会积极尝试。如果发现自己喜欢的东西或者产生了相同的情感体验时会分享在互联网社交平台上。对于这些人，我们就称他们为"好奇阶级"。

"网红"城市要想变身成为"明星"城市，除了要借助 BEST-C 法则创造火爆内容外，还应该满足"好奇阶层"的场景体验需求，做出更具品牌价值的城市创意内容。

具体来说，要做到以下两点。

1）想尽一切办法提升游客和用户的场景体验效果

比方说网红打卡地设置一个"最佳打卡角度"台，以便大家在那里进行拍摄；再比方开发"网红打卡一日游"，给游客和用户推荐一系列打卡胜地而非单一打卡地址。给用户这样一种感受：从"我想去"到"我必须去"，再到"我还要去"。

2）要凭借平台的优质内容在品牌上做自下而上的转化

比方说"西安城墙下九爷"火了，会不会有人来挖掘其背后代表的阶层——在城市打拼的年轻人的故事，以西安的人才政策为背景，讲他们在这个城市的爱情故事、职业成长、亲情等内容都可以转化为代表西安城市的具有 IP 传播属性、独具文化特色的内容组成部分。

第 8 章

四大变现法：
不能赚钱的抖音电商
不是好电商

抖音运营的终极目标就是为了实现流量的变现。 抖音流量变现的方式有很多，其中使用最广、效果最好的主要有广告变现、电商变现、直播变现、引流变现四种。 在现实的抖音运用中，如果你能很好地掌握这几种变现技巧，那么，你就掌握了抖音赚钱的秘籍。

8.1 广告变现，最直接的变现方式

只要是有流量的地方，就能投放广告，要说现如今流量最火爆的地方在哪里？抖音当之无愧。抖音作为一个原生流量平台，不管是产品量级还是调性都非常不错，这也让许多品牌商看到了商机。于是他们纷纷入驻抖音平台，并且广泛地与抖音红人合作，希望通过抖音，为自己的产品插上爆红的翅膀。

如今，广告变现已经成了抖音最常见的一种变现形式。在抖音平台上，只要你的抖音账号拥有足够庞大的粉丝群，那么你就有可能成为品牌商的宠儿，通过接广告实现轻松盈利。

抖音红人"代古拉 K"就是典型的案例。

【成功案例：抖音红人"代古拉 K"广告接单】

2018 年 7 月，抖音红人"代古拉 K"相继接到了 OPPO、VIVO、美图手机、良品铺子等品牌的广告，而"代古拉 K"的经纪公司洋葱视频透露，她每条抖音广告的报价都超过 40 万元。除了"代古拉 K"，抖音上其他粉丝超过千万的红人都接广告接到手软。

那么，在本节的内容中，我将和大家共同来聊一聊抖音最直接的变现方式——广告变现。

一、抖音红人接单系统：星图平台

自打 2017 年微博率先推出了 KOL（关键意见领袖）接单平台——微任务后，快手、美拍、陌陌等一些短视频平台也紧随其后，相继推出了自己的广告平台。这些广告平台的出现，不仅满足了品牌商和网红、KOL 们的需求，更让他们在广告变现的道路上赚得盆满钵满。

2018 年 7 月，抖音也推出了网红接单系统——星图平台。星图平台一上线，便有 4 家机构与其签约合作，将其作为自己的官方服务商，专门负责抖音网红在平台上的接单与运营问题。除了这 4 家机构外，另外 21 家获抖音认证的 MCN 机构也同时入驻星图平台。

那么接下来，我将从星图平台受欢迎的原因、星图平台的典型特征和星图平台的优劣势三个角度，带领大家全面了解这一抖音网红接单系统。

❶ 星图平台受欢迎的原因

为什么"星图平台"一上线就能获得这么多机构的认可呢？主要有以下两方面的原因，如图 8 - 1 所示。

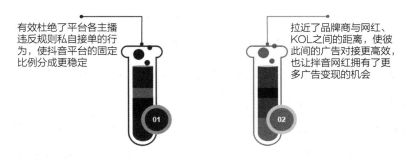

有效杜绝了平台各主播违反规则私自接单的行为，使抖音平台的固定比例分成更稳定

01

拉近了品牌商与网红、KOL 之间的距离，使彼此间的广告对接更高效，也让抖音网红拥有了更多广告变现的机会

02

图 8 - 1　"星图平台"获得众多机构青睐的两个原因

❷ **星图平台的典型特征**

星图平台主要有以下两大特征。

1） 在审核方面标准更高、要求更严

在星图平台，只有满足了平台的开通条件，且身份和账号信息都符合要求的创作者，其创作的短视频才能审核通过，抖音网红和 MCN 机构才能正式登记接单。

视频在正式发布前，创作者的创作过程与视频成果也要随时随地接受星图平台的审查与监督。

2） 运作模式别具一格

说到这里，我们先一起通过图 8 - 2 来具体了解一下星图平台的运作模式。

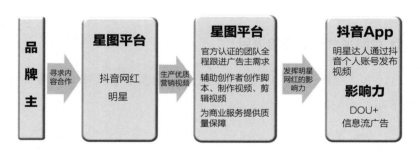

图 8 - 2 星图平台运作模式

从图 8 - 2 我们可以看出，在整个订单的完成过程中，星图平台可以发挥达人管理、数据查看、项目汇总等功能。品牌主在星图平台上发布需求后，可以随时查看反馈，视频完成后还可以进行沟通和修改。而且，视频发布后的数据沉淀、报表输出、结算、开具发票等步骤都可以通过星图平台在线完成。

❸ 星图平台的优劣势

作为抖音网红的接单系统，星图平台的最大优势就在于它具有数据沉淀、报表输出、结算、开具发票等非常完善的功能。

当然，星图平台的推出对于抖音红人而言，既有有利的一面，也有不利的一面，详情如图 8 - 3 所示：

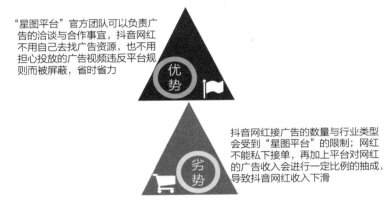

"星图平台"官方团队可以负责广告的洽谈与合作事宜，抖音网红不用自己去找广告资源，也不用担心投放的广告视频违反平台规则而被屏蔽，省时省力

抖音网红接广告的数量与行业类型会受到"星图平台"的限制；网红不能私下接单，再加上平台对网红的广告收入会进行一定比例的抽成，导致抖音网红收入下滑

图 8 - 3 "星图平台"的优势与劣势对比

二、抖音广告制作实用方法

在上文中，我们已经详细了解了抖音网红的广告接单系统。那么在接下来的内容中，我将为大家介绍一些拍摄抖音广告的实用方法（如图 8 - 4 所示）。

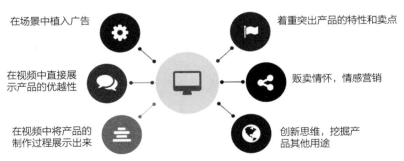

在场景中植入广告

着重突出产品的特性和卖点

在视频中直接展示产品的优越性

贩卖情怀，情感营销

在视频中将产品的制作过程展示出来

创新思维，挖掘产品其他用途

图 8 - 4 抖音广告制作方法

❶ 在场景中植入广告

通常，短视频在植入广告时，或多或少都会借助场景，我在抖音上曾看到过一条网红作为主角的广告视频，内容是这样的：拍摄场景最初是在门店外，随着画面的缓缓移动，拍摄场景由外转内，然后出现了一位帅气的小哥哥，在门店内不停地换装，且每一件衣服上都能看到 Metersbonwe 的标志。这种在视频中出现品牌商名称或者 LOGO 的做法，便是借助场景植入广告，让人们在观看视频时也能看到品牌商名称与产品。

❷ 在视频中直接展示产品的优越性

如果产品自身带有较高的话题性，新颖有趣，则可以直接在抖音短视频中展示产品的优越性。

以一条很火的"小白鞋清洗剂"抖音视频为例，在该视频中，首先出现了一双特别脏的小白鞋，然后将这款"小白鞋清洗剂"直接喷洒在其中一只鞋上，再用毛巾轻轻擦拭，鞋子立刻变白了，而另一只没有使用该产品的鞋子则没有任何变化。通过这种在视频中直接展示产品优越性的方式，观众能够更直观地看到产品的神奇功效，从而在内心深处产生认同感，更愿意购买该产品。

❸ 在视频中将产品的制作过程展示出来

品牌商家要想借助抖音平台推广自己的产品，在拍摄抖音广告时不妨另辟蹊径，在广告视频中将产品的制作过程展示出来。这样既可以勾起用户的兴趣，也能让用户直观感受到产品的制作过程、环境卫生等情况。例如餐饮类、手工制作类等。

❹ 着重突出产品的特性和卖点

在拍摄抖音广告视频时，要想制作的短视频内容吸人眼球，也可以从产品的特性和卖点出发，着重宣传产品的特性和卖点，以此来吸引那些有需要的消费人群。

比如，华为 P30 手机的最大特性和卖点就是它的 50 倍光学变焦镜头。于是在抖音广告的拍摄中，华为 P30 就演示了通过变焦拍摄月亮的全过程。当原本遥远、模糊的月亮在华为 P30 的镜头中通过变焦一点点变得清晰、真实的时候，其强大的拍摄功能便淋漓尽致地被展示出来了，从而给观众留下深刻印象，有效吸引有需要的人群购买。

❺ 贩卖情怀，情感营销

既然是贩卖情怀，情感营销，那么这类广告视频在拍摄时便需要两个人互相配合，用真实的对话去体现人物与产品的真实性，获取用户的好感与同情，增强用户的信任。

例如，抖音上有一个账号名为"农阿姐"的创作者，发布了一条卖柑橘的视频，视频中姐姐望着面前滞销的大量柑橘愁肠百结，含着泪对弟弟说："今年橘子好不容易获得了大丰收，但却没有销路，只能眼睁睁看着这甘甜可口的橘子烂掉。"一旁的弟弟连连安慰哭泣的姐姐，说："没事，还有来年。"

这条视频一经发布后迅速在抖音平台上蹿红，引起了人们的关注，而"农阿姐"家柑橘滞销的问题也得到了妥善解决。

这种贩卖情怀，情感营销的变现方式在人们看来有作秀的嫌疑，因此在制作时要注意把握好度。

⑥ 创新思维，挖掘产品其他用途

除了以上几种抖音广告的制作方法外，抖音运营者还可以运用创新思维，深入挖掘产品的其他用途。

例如，马桶塞的作用可不仅仅止步于小小的卫生间，它还可以轻松跨界，只需与热水相结合，便可以修复部分车型的凹陷，轻松解决用户的烦恼。类似的创意视频既向用户展示了商品，也让用户加深了视频印象，还可以促进消费转化，可谓一举三得。

三、提高抖音广告变现能力

衡量抖音广告成功与否的一个关键因素便是这支抖音广告的变现能力。下面，我就和大家共同来学习提高抖音广告变现能力的三大方法。

❶ 品牌内涵与抖音视频内容必须契合

发布广告视频的最终目的是向用户传递产品信息，有针对性地向目标客户进行推广。基于此，抖音运营者和品牌商家在共同打造抖音广告视频时，内容就一定要与品牌内涵相契合，最好是做到品牌与视频中的场景、剧情融合在一起，只有这样广告植入才会取得一个好的效果。

❷ 运用幽默，让广告视频充满笑点

通常，视频中的广告植入过多或者过于明显，会让观众产生厌烦情绪。如此一来，就会降低用户对品牌商家或抖音平台的好感。但广告变现，少不了要植入广告，抖音运营者和品牌商家要如何做才能自

然而然地将广告植入到短视频呢？

不妨采用幽默式植入，运用诙谐幽默的方法，让广告充满幽默感和趣味性，最好是能出现一些让用户记忆深刻的笑点，这样就能让观众自然而然地接受广告植入。

❸ 为品牌商打造专属抖音广告视频

抖音运营者可以为品牌商家量身定做，打造专属抖音广告视频，将广告视频与抖音红人自身视频区别开，力求趣味化和集中化，以此来赢得用户的好感，提升广告变现的能力。

在这方面，抖音红人"老王欧巴"就做得不错，他将广告视频与自身视频分开，自身创作发布的视频不含任何广告，但如果有品牌商要与之合作就专门拍摄抖音广告视频。而且对于广告视频，"老王欧巴"也会在评论中明确告知用户：广告视频也充满趣味性与看点，同样是精心设计打造的，也非常值得一看。

如此一来，用户可以自行选择视频的类型观看，既不会感到厌烦，也不会影响广告变现的效果。

任何时候，创意都是价值的保障，是平台和商品实现广告变现的关键。好的抖音广告视频必须独具创意，更要与视频内容相贴和，要在符合平台要求的前提下，以最佳的表现形式来突出产品的特性，才会吸引到更多的流量与用户的关注，实现广告变现。

8.2 电商变现，商家最好的变现方式

抖音的带货能力是有目共睹的，薄饼锅、妖娆花音箱、手表遥控

车、奶油拍脸机、小猪佩奇三件套等一大批"网红"商品在抖音的带动下，都掀起了购买热潮。而伴随着2018年抖音购物车功能的正式开通和抖音购物联盟的强势推出，抖音购物也变得更为简单直接。

或许正是瞅准了抖音强大的变现能力，如今，无数的品牌商家纷纷在抖音这个巨大的流量池开通了"电商"功能。这也预示着，抖音短视频电商时代已经到来，电商变现正成为抖音流量变现的最好方式之一。

那么，抖音电商变现的优势在哪里？抖音电商变现应该怎么做呢？阅读本节内容，相信你一定会找到答案。

一、抖音电商变现的优势在哪里

随着行业的不断变化，如今单一的变现模式显然已经无法满足抖音主播们的需求了。而"抖音＋电商"这一全新模式的出现，刚好天衣无缝地拓宽了抖音视频内容变现的维度。

那么，这种模式的变现能力究竟有多强呢？我们不妨先来看一个成功案例。

【成功案例："野食小哥"依靠抖音电商收割红利】

"野食小哥"是"抖粉"们都很熟悉的抖音红人，也是"抖音＋电商"变现模式的探寻者和利益获得者。在2018年，他依靠抖音电商获取了爆款红利。

那么，他是如何做到的呢？

抖音有购物车功能，人们在观看视频的过程中可以通过购物车一键直达店铺，下单购买视频中推荐的商品。"野食小哥"正是利用这一点，成为抖音上的网红电商。

比如，"野食小哥"曾经发布过一个用酸菜牛肉酱烹调泡面的视频（见图 8-5），两者搭配显得十分美味，引得十几万人在线观看，很多网友被视频中的场景所吸引，产生浓浓的购买欲。然后，他们通过抖音的购物车功能，一键直达店铺，下单购买视频中推荐的酸菜牛肉酱。观众的热烈追捧，让"野食小哥"的店铺成功创下日销售额最高 7 万元的记录，直到现在这款牛肉酱还是抖音上的爆款食物。

图 8-5 "野食小哥"用酸菜牛肉酱烹调泡面的视频截图

后来，"野食小哥"又通过这样的方法在抖音上售卖小龙虾，销售成绩同样斐然。据数据统计表明，截至 2018 年 8 月，已经有数十万人常常观看"野食小哥"的抖音视频，其中 1.5 万人通过"野食小哥"的抖音账号直接前往相关店铺成功购买其推荐的商品，而且成交数量还在持续增长中。通过"抖音 + 电商"的模式，"野食小哥"不仅给大家推荐了很多美食，也给自己带来了丰厚的收益。

"野食小哥"的成功案例告诉我们，抖音强大的带货能力是无与伦比的。抖音电商变现这条路不仅可行，而且具有巨大的优势。

在短视频流行的今天，以盛产高质量短视频为主的抖音平台吸引了大量消费能力比较强的城市年轻用户。在抖音 App 这样相对封闭的环境中，这些用户很容易受到短视频的感染，如果短视频制作比较精良，甚至容易形成"病毒式"传播，用户会纷纷跟风购买短视频中推荐的爆款。

与此同时，很多电商平台也"借"抖音这股东风，给商品打上抖音同款的标签，吸引消费者。据研究表明，很多时候抖音同款、爆款比明星同款更有吸引力。在这样的双重影响之下，抖音的变现能力自然会变得强大。

二、如何做好抖音电商变现

正如一位抖音用户所描述的："通过微博和小红书达人的图文，我想到了更好的自己；但通过抖音，我看到了更好的自己。""抖音 + 电商"的营销模式不仅给抖音达人们提供了一种全新的变现渠道，也给广大的抖音用户提供了一种全新的购物体验。

那么，作为抖音运营者，我们如何才能在抖音上做好电商变现呢？以下方法，值得借鉴。

❶ 内容创作要有重点

据统计，之所以很多视频无法达到良好的转化率，主要是因为一些网红、达人或商家在做短视频时喜欢直接发淘宝商品介绍，内容都是商品的基本卖点、价格等。虽然简单明了，但是目的性太强，没有观赏性，很难吸引用户。加上抖音的推荐机制是以内容为主导的，所以想要从众多视频中脱颖而出，得到抖音平台的支持以及用户的喜爱，实现商业变现，需要更好、更新颖的内容创作。

其实内容创作并没有想象中那么难，站在用户的角度，多制作一些接地气、生活化、有创意、有趣的短视频即可。具体来说，创作方法可以分为以下两点：

1）内容垂直度要高。内容垂直度可以简单理解为我们在擅长领域发表内容的专注程度，即所售商品与目标用户的准确性。

举个例子，一个女网红，她的粉丝可能呈现两极分化，有的女性缘比较好，粉丝绝大多数以女性为主，那么她卖与女性相关的产品，比如女装、化妆品等，销售量自然比较高。但是当她的粉丝绝大多数是男性时，如果再卖女装、化妆品等销量就会大大降低了，反而卖剃须刀、男鞋等销量会比较好。

所以，内容创作要先框定自己的粉丝或者目标群体，只有如此才能让内容和产品都变得有针对性，销量自然就变好了。

2）内容精度要高。抖音相对来说是比较公平的一个平台，内容的智能分发机制让新人和粉丝量巨大的明星、网红等有了一较高下的可能。只要内容精度高，具有感染力，即使不是粉丝众多的知名用户也能获得抖音提供的精准推送，匹配到更适合的人群，帮你吸引更多的关注度。也就是说粉丝基数决定基本流量，但是能不能成为爆款，形成高转化率，关键还是看内容。

❷ 让视频具有极强的说服力

在抖音上做电商其实不需要太高的拍摄技巧，也不需要大量的粉丝，内容的垂直度、精度所铺垫出来的视频感染力、说服力才是更重要的。这是由于上抖音的用户大多是为了消遣而非购物的特性决定的。

如果单纯地介绍产品，再高的拍摄技巧也很难吸引本身没有购买欲的人。可是当视频内容变得生活化或者有创意，没有那么直来直去的介绍时，反而能吸引用户，让他们产生较强的购买欲，转化为消费者。

比如我曾经在抖音上看鲜榨果汁的视频，被里面榨果汁的机器吸引，找到链接买了同款。尽管当时看的视频并没有介绍榨汁机，但短短几十秒就能做出一杯色泽诱人的果汁，不停变化的果汁引得我不得不去关注能榨出这样果汁的机器。

因此，为了能拍出具有极强说服力的视频，在抖音上做电商的主播们可以从以下五点着手，如图8-6所示。

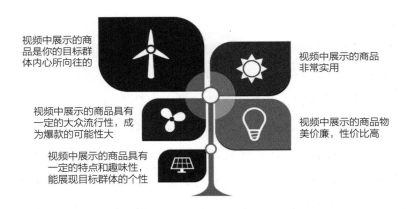

图8-6　让视频具有极强说服力需要做到五点

根据消费者心理研究发现，在相应商品的抖音视频制作中，一般只要满足以上条件中任意三点，就能吸引到大量用户观看和点赞，并产生购买欲，进而通过购物车一键购买产品。

❸ 抖音达人亲自试验

在众多推荐商品的视频中，能成功做成爆款的视频往往是抖音达人亲自试验产品，并将过程拍成视频，向广大用户展示效果。

比如我们在上文中提到的"野食小哥"，他的视频都是亲自上阵，将试吃和制作的过程拍下来，全方位展示食物的色、香、味，甚至不需要太高的拍摄技巧，就能产生诱人的效果。因为真实，用户就会有感同身受的感觉，自然容易一边看一边流口水，近而产生购买的欲望。

除此之外，抖音达人亲自试验更有说服力，比如食物经过试吃才能准确描述味道，衣服经过试穿才能知道布料是否舒适。如果你自己都没有试验，说出来的语言必然空洞，就算用再华丽的辞藻，夸得如何天花乱坠，都会因为假、大、空而降低吸引力。

❹ 要积极尝试

"千里之行，始于足下"，做抖音短视频也是如此。只有亲自注册账号、自己规划内容、制作视频并且发布给用户检验，才能知道真正的效果。所以抓住抖音的流量红利，积极尝试"抖音＋电商"的模式吧。

如果实在无从下手，可以多看看其他抖音达人的成功视频，也可以通过抖音平台推出的"电商研习社"学习创作和运营。

三、抖音电商变现的未来发展趋势

世界上任何事物都是矛盾存在的，抖音虽然通过开通购物车给电商提供更多变现的机会，但是同时也为很多过分商业化的内容提供了滋生的温床，影响抖音的良性发展。

为了更好地解决这一问题，抖音对在平台发布的内容进行大数据分析，盘点出具有不正常导向、同质化严重、没有营养、单纯引导消费者等内容的视频，并于 2019 年 4 月 14 日通过抖音电商小助手发布了"不得再推荐图片轮播、心灵鸡汤讲述类视频、无口播拆箱视频、街头采访/售卖不相关商品、提到价格的招揽式好物推荐、低俗或尬演小剧场"6种内容的通知,以求内容更加优质。

与此同时,抖音电商小助手还专门发布了针对抖音上卖得比较火的女/男装、好物推荐、美妆类商品的《内容优化升级指南》,并对这方面的内容升级做出指导。有兴趣的商家可以通过抖音电商小助手了解。

通过抖音的一系列举措可以发现,抖音为电商变现的发展做出了很多努力。抖音充分挖掘现代电商转化逻辑,确定以优质内容为核心,吸引粉丝追随,进而对品牌产生认同的电商变现模式。在此模式的指导下,抖音的内容也必将出现以下变化,以此来适应抖音电商变现的未来发展趋势。

❶ 创作者变现周期变长

通过优质的内容沉淀粉丝,进而形成口碑是比较漫长的过程,所以创作者的变现周期自然会变得比较长。量变必然引起质变,经过一段时间的积累,之前碎片化的变现可以轻松转化为规模变现。不过在新增红利趋于停滞的存量之争中,这是一场硬仗,需要创作者潜心研究,耐心实践,方能厚积薄发。

❷ "大玩家"回归赛道

在现代电商转化逻辑下,变现周期变长,必然会对资金、资源、团队成本带来考验。所以能够承担比较长运转周期的"大玩家",比如谋求转型的传统媒体、实力雄厚的线下商家等会重回赛道,会成为主要竞争者。

❸ PGC 或回归战场

PGC 指专业生产内容，比如视频网站、专业团队等，这些玩家对内容的把控度比较高，已经形成一定的 IP 影响力。他们回归短视频战场，目标群体必然更加明确，创立电商模式也会更加轻松。所以无论是依靠知名 IP 对粉丝的号召力实现变现，还是通过内容、广告等实现变现，都需要与现代电商模式的深度结合。

8.3 直播变现，抖音网红最强的变现方式

如今，包括抖音在内的许多短视频平台都上线了直播功能，尽管受到开放条件的限制，抖音的直播功能目前还并没有普及，也没有被很多人注意到，但其作为抖音流量变现模式的一种重要延伸，仍然有着不可忽视的变现能力。并且从长远来看，这种变现方式具有无限的发展潜能。

那么，在本节的内容中，我就和大家一起来聊一聊抖音直播这种抖音网红最强的变现模式。

一、抖音直播的超强变现能力

相对于短视频而言，抖音直播不需要制作和后期加工，没有时间限制，只要主播会用手机或电脑拍摄，并且累积了一定的粉丝，就能用这种方式进行变现。

表 8 - 1 展示了 2018 年 8 月 10 日的抖音直播收入榜 TOP10 的情况，相信大家对抖音直播的变现能力会有更为深刻的认识。

表 8－1　抖音直播收入榜 TOP10　（2018.8.10）

抖音昵称	音浪	粉丝数	视频数	获赞数
欣崽	840346	538885	86	2725213
维艾·迪娅	401499	209738	18	870098
马孝安	177207	4821944	70	37826270
彭十六 elf	122622	13432351	189	116538820
孙乐乐	116566	346069	126	3143945
林轩成啊	112288	5017	11	17779
胖白	107813	224633	111	794133
张琳	101306	1171106	69	12878014
李冠宇	99457	1175695	114	6418541
费嘉欣	91282	563947	84	1373685

从上表中可以看出，2018 年 8 月 10 日这天收入最高的是欣崽。在抖音上，音浪代表虚拟货币，音浪越高，变现收益越高。以抖音现在的音浪折合人民币来计算，1 音浪相当于 1 角钱，欣崽当天收入音浪 84 万多，折合成人民币，其一天的收入为 8 万 4 千多，由此可以看出抖音直播强大的变现能力。

二、开通抖音直播的条件和方式

需要注意的是，虽然抖音直播变现模式操作简单、不受限制并且收入也十分可观，但它并非是人人都能玩的。这是因为，抖音直播功能目前还没有全面开放，具有一定的限制性。

具体来说，在运营抖音的过程中，如果你要想开通直播功能，那么你的抖音账号必须要满足以下三个条件中的任意一条，如图 8－7 所示：

图 8 – 7　开通直播需要满足以上三个条件之一

三、抖音直播变现的三种方法

无论是为了兴趣还是为了盈利来运营抖音账号，用户与抖音运营者之间都会在不断地磨合中产生一种信任感，并在信任感的基础上积累一定的粉丝，最终实现直播变现。抖音直播变现总结起来，主要有以下三种方法。

❶ 粉丝打赏、送礼物

在抖音上开通直播功能后，抖音运营者可以通过在法律允许范围内的任何内容来吸引粉丝。比如唱歌、跳舞、演奏、画画、书法、美食、烹饪、手工等才艺，吸引用户的关注，并在主播直播时增加粉丝互动环节，以此来打动粉丝，获得粉丝的打赏及礼物。打赏和送礼物虽是虚拟的，但需要粉丝花钱购买。这是一种比较常见的变现方法。

❷ 专属粉丝团

在抖音直播平台上有主播专属粉丝团的设置，如果直播的内容受到某位粉丝的喜欢，他想要长期关注主播，获得粉丝专属福利，便可以缴纳 60 抖音币加入主播的粉丝团，而粉丝所缴纳的 60 抖音币也会按照一定比例成为主播的收益。这实际上也是直播变现的一种方式。

❸ 直播卖货

抖音直播中最直接的变现方式就是直播卖货。有店铺的可以对自己店铺的货品进行推销，没有自己店铺但是具备一定流量的主播则可以与品牌商家合作直播卖货。

比如，抖音上有个叫"囚徒"的主播，直播内容都是制作手工制品的过程，吸引了大量对手工感兴趣的用户关注，并获得了不少打赏。与此同时，有不少用户看到"囚徒"现场制作出来的精美手工制品非常喜欢，想要购买成品，有的想要购买制作这些手工的工具。这让"囚徒"窥探到另一个商机，开始在直播时推销自己的淘宝店铺和微店，成功实现了抖音上的流量变现。

四、提升直播变现能力

在前文中我们共同学习了抖音直播的变现能力、开通条件及变现方式，接下来我为大家分享几点提高直播变现能力的实用技巧。

❶ 激发用户的打赏心理

为了实现流量变现，不少主播都会在直播过程中提醒粉丝给自己送礼物，"小礼物走一波""飞机游艇刷起来"，抖音直播也是如此。

抖音运营者在运用直播变现时，适当提醒即可，最关键的还是要以高质量的内容来取胜，激发粉丝的打赏心理，给粉丝营造一种只有持续获得他们的支持与赞赏才有更多的动力去制作优质短视频内容的氛围，无形中增加用户的参与度与回馈感，让打赏成为持续性动作。

❷ 改变打赏的默认选项

对于所有的平台来说，用户打赏的默认选项都是"是"与"否"，是否打赏是用户说了算，这样导致的结果往往是变现效果不太理想。基于此，抖音运营者可以通过悄悄改变用户打赏的默认选项来提升直播变现的能力，把"是"与"否"的选项替换为"2 元"与"5 元"，让用户觉得看直播是需要打赏的，至于打赏 2 元还是打赏 5 元由用户决定。

❸ 让打赏变成一种惯性思维

抖音运营者还可以想方设法让订阅看直播成为粉丝的惯性思维，培养粉丝用户的打赏习惯。一旦习惯养成，直播变现的收益自然也会水涨船高。

❹ 增加打赏用户的优越感

通常，主播收到打赏后会对打赏及送礼物的粉丝用户用言语及双手比心的方式表达自己的感激之情，这样不仅可以增加打赏粉丝在其他观众面前的优越感，让他继续刷礼物，另一方面也可以激发其他用户的攀比心理，争取到更多的打赏。

除此之外，抖音运营者还可以通过设计粉丝等级制度、会员制度等，将"人民币玩家"与普通用户享受的权益区分开来。让粉丝用户明白只有打赏多，等级上升才会快，能够享受的会员权益才会更多。以此来增加打赏及送礼用户的优越感，无形中吸引更多想要优越感的用户参与进来。

8.4　引流变现，在抖音之外实现巨大变现

做抖音的终极目的就是为了实现流量变现，关于这一点，相信大多数的抖音运营者深有同感。然而，在现实的抖音运营中，我们不得不面对的一个现实是，虽然如今玩抖音的人千千万，可是真正能做到流量变现的却屈指可数。

在前文中，我们已经分享了许多抖音变现的方法和技巧。如果你仔细分析一下就会发现，这些方法基本都是立足于抖音本身去进行的，是在抖音上的直接变现。事实上，当我们通过抖音聚集了大批粉丝、拥有了人气基础后，在抖音之外同样也可以实现引流变现。

那么，在本节的内容中，我将分享一些在抖音之外实现引流变现的常见做法。

一、抖音＋小程序，组合式变现

微信小程序于 2017 年 1 月 9 日正式上线，2018 年微信小程序的数量就已经超过 100 万个，比 2017 年增长了 75％。这一数据充分说明市场对于微信小程序的接受度是非常高的。小程序开发和推广费用低，用户群比较广，使得这其中蕴含了无数的商机。

对于运营者来说，在进行"抖音＋小程序"组合式运营时，要注意以下两点。

❶ 创意＋趣味

抖音的视频内容一定不要粗制滥造，要有创意、趣味性强，这样

才能吸引用户去你的小程序，从而实现引流。

❷ 附上小程序的名称及使用方法

为了成功吸引用户的眼球，抖音视频中一定要附上微信小程序的名称及使用方法，这样才能更好引导用户关注你的小程序。

二、抖音 + 店铺组合拳

"抖音 + 店铺"这套组合拳是引流变现最常见的手段。但是这种做法不适合刚起步的抖音运营者，因为这个阶段粉丝比较少，运营者应以高质量的短视频内容去吸引大量用户。等到沉淀了大量粉丝之后再推荐店铺，引流的效果会更好。

那么，店铺应该如何引流呢？

❶ 直击粉丝痛点

要将用户转化为消费者还需要直击粉丝痛点。比如健身房的抖音号，可以经常发布健身、减肥、增肌等视频，或从专业角度揭示减肥技巧，或用有趣的方法进行健身前后的对比。总之就是想方设法激发粉丝想健身的愿望，积累一段时间有固定的粉丝之后，在视频最后加上健身房的信息，实现引流变现。

❷ 回复粉丝评论

抖音主播可以经常查看视频评论，筛选有购买意向的粉丝，回复感谢的同时加入自己的店铺信息，让粉丝直接搜索店铺购买视频中推荐的产品，实现引流变现，还可以在个人签名中加入店铺信息，方便粉丝查找。

❸ 利用实体店铺拍摄场景实现引流

抖音运营者和品牌商家可以把实体店铺当作拍摄视频的场地，把实体店铺里的商品融入视频中，这样用户在观看视频的时候便容易被视频里的商品吸引，进而关注店铺信息，实现引流变现。此举不仅可以增加网上的销量，还能吸引当地的用户进店消费，实现线上、线下双重收益。

如果商家只有网上店铺没有实体店铺，同样可以借鉴这种拍摄方法，只要在布置拍摄场地放上网店的标志、广告牌、部分产品等，也能吸引对产品感兴趣的粉丝消费，实现引流变现。

三、借助短视频的传播效应推出衍生品

很多人在抖音里销售的不是实体商品，而是自己才能或技能的衍生品。很多短视频在出现之初并不是为了赢利，而是想要展现自己擅长的东西，比如流利的英语口语、高超的绘画技能、有趣的 PS 制作等，当内容足够优秀时便会吸引大量的粉丝关注。

当粉丝关注后，便想拥有进一步学习的机会，此时抖音运营者便可以借助短视频，教大家说英语、学画画、学 PS 等。通常这些学习内容并不是三言两语或短短的一段视频就能讲解清楚的，此时运营者便可制成系列的视频课程来细致讲解，而这些系列课程就是能够盈利的衍生知识付费产品。

如果衍生产品适合量产，就可以实现在抖音上的稳定的引流变现，之后我们还可以开通网店，推出属于自己的品牌，实现价值更大化。

总而言之，抖音引流变现的方法多种多样，大家可以结合自己的情况具体分析，找到最佳的引流变现方法，提高自己的收益。